奇跡が起こる 護符・梵字練習帖

鮑 義忠

自由国民社

はじめに

私たちは正月に初詣に行って、御札や御守りを授与してもらい、一年間平穏な生活を送ることができますが、それは御札や御守りに込められたそれぞれのご利益があるからです。

なぜ厄除防災や商売繁盛、病気平癒などのご利益があるかというと、御札や御守りには神秘の霊力が備わっているからです。

厳しい修行を積んだ僧侶が謹《つつし》んで認《したた》めることで、そこには人智無限のパワーが宿るといってもいいのです。

さらに、中国では風水道士が荒行と霊験《れいけん》灼《あらた》かな儀式を何千年もの昔から執り行い、政治や経済、そして庶民生活までに大きな影響を与えてきました。風水道士が中国の歴史を創ってきたといっても言い過ぎではありません。

風水道士が描いた護符や梵字には大いなる霊力が宿り、それをなぞることで運気が上書きできるのです。そこには結界が張られ、あなただけのパワースポットが生まれます。

そうして、描かれた御札や梵字を祀ることで邪氣を祓い運氣を向上させて、毎日安心して暮らしてきたのです。

はじめに

私たち自身も護符や梵字を自らの手を動かしてなぞることで、霊力が指先から体中に充満して運氣もみなぎります。

現代はデジタル技術が発達してとても便利な時代なのですが、書く行為やなぞる行為の大切さが忘れられています。指先から記憶し、心身に刻み込むことで、一生身につく智恵や知識が授けられるのです。

つまり便利が過ぎるがゆえに、人間の本来備わった忘れかけている内面的な力、自然や神仏に対する畏敬の念に心を向けてみることが必要なのです。それが、悩みや困難の解決の糸口につながるのです。

さらに霊力が宿る護符や梵字は触れるだけ、持ち歩くだけで靈験が現れます。

こういうデジタル全盛の科学万能ともいえる時代だからこそ、古くさいと思われるかもしれませんが、祈りや精進というアナログな風習に、今一度耳をかたむけて人生の指針となれば、著者冥利に尽きます。

紫微垣闕聖宮　鮑　義忠

目次

第1章 ◇ 護符や梵字にはなぜご利益があるのか？

目次

【第1章】
護符や梵字にはなぜご利益があるのか？

◆護符のルーツを探る

日本人はお正月に初詣に行き、神社で御札や御守りを授与してもらって、家の中に飾るのが新年のルーティーンになっています。おそらく、御札や御守りの飾っていない家は珍しいでしょう。

辞書によると、御札とは神社や寺院で頒布《はんぷ》する護符の一種で、神棚や仏壇に納めたり、門口や柱などに取り付けて神仏の加護を願ったりするものとされています。

そのご利益は火難、虫除けから開運、家内安全を祈るものまで多種多様にわたり、御札は、祈祷のための読経の回数を書き付けた巻数が、そのもとであるといわれています。

日本では中世以降、紀伊の熊野神社の御師をはじめ、有力な社寺の御師や先達が全国を回って御札を広め、その効用を説いたとされています。特に神札については、御神体として扱われるほどのものになっています。

それほど身近な御札や御守りではありますが、その意味やルーツなどはあまり知られていません。詳細は知らないまでも、飾っておけば何となくご利益があると考えているからです。

◆護符には古代中国由来の霊力が宿っている

では、そんな風習はいつから生まれたのでしょうか？　御札や御守りに関する専門家はそれほどいないのですが、おそらく「魔除け」とか「お祓《はら》い」などの意味合いからは古代から存在したと思われます。

ルーツは中国・印度など古代文明の発祥地だと考えられますが、御札に描かれている漢字はまさしく中国由来のものです。

道教や儒教、仏教など長い年月を経て伝わってきたものと考えられます。さらに紙に書いて貼るわけですから、墨と紙がなければなりません。

日本に漢字が伝えられたのは四世紀前半で、紙を漉《す》く技術が伝えられたのは七世紀とされているので、そのくらいまでルーツは遡《さかのぼ》れます。

中国では紀元前にもはや紙が存在したということなので、間違いなく中国から朝鮮半島を経て伝えられ、日本でも広まっていったのでしょう。

日本では仏教の伝来後、護符は密教と深く関わって続いてきました。密教では災禍から人々を守るために護摩焚きを行いますが、火にくべる護摩木《ごまぎ》に厳しい修行を積んだ僧侶や山伏が願望を記します。

それらの僧侶や山伏たちは千日回峰行《せんにちかいほうぎょう》など荒行を行うと、特別な霊的な能力が身につくといわれており、彼らが記す護摩木や護符にはご利益が宿るとされてきたのです。

◇護符の霊力の源は三つ存在する

さらに密教のルーツは古代中国の道教に遡り、当時の文字にはそれ自体に呪術的な意味合いが込められていて、象形文字と言われるように絵文字のように表現するものでした。その文字を護符にすることでさまざまな霊的な力が宿り、長い歴史を経て受け継がれてきたといえます。

古代中国の道教の世界では、護符の霊力には三つの根源があるとされています。

まずは、護符自体に霊力が宿るとされ、象徴的なものとして「五嶽眞形圖《ごがくしんぎょうず》」があげられます。

これは、大宇宙を形成したとされる「三天太上道君」という神様が、天界で目に映ったものを描いたものですが、これを持つ者を守護して、いろいろな災いから守るといわれています。

つまり護符の起源は天界の神様から発祥していて、とても神聖だからこそ大きなパワー（霊力）を生むということです。

次に、護符には難解で奇妙な形をした文字が描かれていますが、その形（デザイン）そのものにパワー（霊力）があるといわれています。

護符の平面に描かれた字体自体にパワー（霊力）があり、古代から災難を除去したり、病気を癒したり、雨を降らせたり、多くの機会で利用されて、実績を上げてきたのです。

三つ目は、マクロコスモス（大宇宙意識）とミクロコスモス（小宇宙意識）を共鳴させる働きがあるということです。

もう少し簡単にいうと、マクロコスモスとは私たちが生きている実際の大宇宙圏で、ミクロコスモスとは人間の体の中にある小宇宙圏のことを指して、それらをひとつに合致させることで、大きなパワー（霊力）がもたらされるとされているのです。

◆道教道士にしか許されない護符の授与

護符にはこうした霊力が込められていますが、誰が書いてもご利益があるわけではありません。霊的な能力を有した者が厳粛な儀式を行ってから記すことが求められます。

だからこそ日本では僧侶や山伏たちが、命を賭した荒行を行って霊力を身に付けたのです。

古代中国では道教がそのルーツとなり、代々師匠から受け継いだ術を厳しい修行を経た道士として、限られた弟子たちに伝授してきました。

私の師匠の故林文瑞《りんぶんずい》師は、関聖玉皇《かんせいぎょくこう》の直々の命を受けた台湾随一の道教道士で、私も生涯唯一の直弟子です。

道士とは、道教を信奉し、道教の教義にしたがった活動を生業とするもので、特別な修行を経て認められ、神様「関聖玉皇」に代わって護符を記すことを許される者です。

関聖玉皇とは道教の最高権威の神様であり、日本でもよく知られている「三國志」で有名な蜀《しょく》の英傑關羽《かんう》将軍の神様だといわれています。

あるとき私は、師匠の林老師から

「関聖帝君さまからお前に道術、法術を伝承してやってくれと頼まれた」

と告げられました。そして、関聖玉皇の御璽《ぎょじ》を授かったのです。

だからこそ護符（靈符）に記される文字や記号は、神縁を有する神様から直接授けられるもので、私は護符（靈符）を書くことを許されている数少ない中の一人なのです。

◇神様に直に向き合いその意を通じる

現在インターネットを含めてさまざまな護符や御札が紹介されていますが、真の護符と呼べるものはなかなか見当たりません。それほど霊力を有した者が認《したた》めた〝本物〟は希少だからです。

真の護符には霊力が込められているので、神聖な儀式を経て認められます。

まず斎戒沐浴《さいかいもくよく》して、心身を清浄にしなければなりません。

なぜなら、護符（靈符）を認めるということは、霊的な存在（神々）に直に向き合い、さらにその意を通じようとしなければならないからです。

私の場合には、潔斎《けっさい》して心身を清浄にしてから、ピンと張り詰めた雰囲気の中で、筆を走らせて一気に書き進めます。

そして、書き終わったら、筆の裏でトントントンと秘文字を叩き、念を入れたら、入魂の儀式に入ります。

関聖玉皇を中尊に祀る祭壇に向かって、銅鈴の縁をなぞって出る神秘的な音で場を清めて、道教式の祝詞を唱えて祭神に奉告してから、金紙を燃やして、神々を供養します。
この一連の儀式こそ、「開光點眼《かいこうてんがん》」を呼ばれる道教式の御霊入れの儀式です。
こうして、パワー（霊力）のある護符（靈符）が誕生するわけです。

◇願い事をかなえるための五つの要件

日常生活で護符を授与されて何気に祀っている人にとっては、「開光點眼式」とは随分仰々しくて近寄りがたいものだと思ってしまいがちですが、これはあくまでプロ仕様の方法であり、これを生業とする者にとっての儀式です。

本書のテーマのように、一般の読者が自分の好きな護符をなぞって認めるということについては、それほど厳粛な儀式として考えなくてもよいのです。

ある程度の覚悟と振る舞いは保ちつつ、思い立ったらそこから始めてみるとよいでしょう。

何事も始めなければ結果はついてきません。結果の良し悪しはともかく、事を起こすにはいますぐにでも始めることです。そして諸々なことは、その都度考えて対処していくことが大切です。

始めるにあたっては、ある程度の覚悟が必要といいましたが、それは次の五つのことを指します。

一、願い事だけではいけない
一、日々是無事何よりという御礼を述べる
一、願い事は他力本願ではなく自力本願で
一、日々継続して願うこと
一、常にプラス思考で

まずお願い事であっても他人任せではいけません。願いをかなえる主体は自分で、ご利益も自分が得られるのですから、すべて他人任せであとは待つだけという都合のよい話は、神様には通用しないのです。

自分ができる限りの努力をすることで、神様もその姿を見て願望をかなえてやろうとしてくださるのです。念願成就の基本は自力本願だということを理解してください。

神様に対してお願いばかりでは図々しい奴と思われて、相手にされません。まず最初は日頃の感謝の気持ちを表現して、次にお願い事を述べることが大切です。ビジネスでもお願い事でも「ギブ&テイク」が大事です。

さらに、何事も継続して行わないと効果がありません。一時的に自分の都合のよいときだけお願いしても、スルーされてしまうことになりかねません。

日頃から継続して感謝の気持ちとお願い事をお伝えすることで、神様もその気になるのです。

最後に「ダメならどうしよう」とか「なかなか思い通りにいかない」などとマイナス思考では願い事はかないません。いつもオドオドして、自信なさ気にしていると神様も振り向いてはくれないのです。

「絶対に願いをかなえる」「願いがかなうまでやる」という超前向きでプラス思考なら、神様も放っておくことはなく、自《おの》ずと道も開いてくるものです。

◆護符を書くと〝式神を使役できる〟

少し専門的な言い方になりますが、護符を書くことが即ち〝神仏を召還する〟ことになります。

日本風に言い方を変えれば〝式神《しきがみ》を使役《しえき》する〟ことになるということです。

使役とは辞書では「働かせること、人にさせること」とありますが、まさしく我々が「神仏になにかをさせること」ということになります。

〝式神を使役する〟とはそれらの通常時には眼には見えない存在である神仏・如来・菩薩・明王・天部や龍神・鳳凰《ほうおう》・白虎・玄武・麒麟《きりん》・龍亀《りゅうき》・貔貅《ひきゅう》・狛犬《こまいぬ》・お稲荷さんなどの眷属《けんぞく》や瑞獣《ずいじゅう》に我々の前に降臨して頂き、その神通力により状況を変えてもらうことなのです。

それは識者の眼にはリアルな神仏の姿で現れたり、または現実にいるその辺の靈媒体質の人間に取り憑《つ》き現れたり、はたまた天候などの自然現象を急変させて見せてくれたりとケースバイケースです。

ここで私の体験談をしておくと、ある日赤兎馬《せきとば》に跨《また》がり青龍偃月刀《せいりゅうえんげつとう》を振るう武財神關聖《かんせい》帝君《ていくん》さまが突如、目の前に現れて、その吉兆の圧倒的、神通力のおかげで行く先々に迦楼《かる》羅天《らてん》、弁財天さま、地蔵王菩薩の妹さん、觀音さま、神童などが現れて、私の父の重病は消滅したのです。

あの時に關聖帝君さまが現れて陣頭指揮を取らなければ、重病を患っていた父は間違いなく助かっていなかったであろうと考えると、今思い出しても感服の極みで涙が止まりません。

◇護符や梵字の霊力が素晴らしい出来事を呼ぶ

また、私が台湾の山で道教の修行中に途中で下山して街に降りると、玄靈高上帝《げんれいこうじょうてい》・南《なん》天文衡聖帝《てんぶんこうせいてい》・西王母《せいおうぼ》・九天玄女《きゅうてんげんにょ》・太上老君《たいじょうろうくん》・天上聖母《てんじょうせいぼ》・玄天上帝《げんてんじょうてい》・趙元帥《ちょうげんすい》・観音・阿弥陀如来・二郎神楊戩《じろうしんようせん》・哪吒太子《なたたいし》・地蔵王菩薩・廣澤尊王・靈安尊王・文昌帝君・雷公・王爺・國常立尊《くにとこたちのみこと》・木花咲耶姫《このはなさくやひめ》・須佐之男命《すさのおのみこと》などの神様がさまざまな形で現れては、護符や兵法・咒文などを授けてくれました。

一番驚いたのは一日に幾つもの道教寺廟に参るよう神仏から言われてクタクタになり、食後に気持ちよく足マッサージを受けていると、圧倒的な権限を持つとされる鴻鈞老祖《こうきんろうそ》の話題をした途端に、目の前のマッサージ師のおっちゃんに鴻鈞老祖が乗り移ったことです。

「鴻鈞老祖とは、無極大羅昊天紫府元宮《むぎょくだいらこうてんしふげんぐう》に住まい、地元、老陰を象徴し、萬象を主宰する」とされており、宇宙三大老祖（混元老祖《こんげんろうそ》、鴻鈞老祖、昊天老祖《こうてんろうそ》）のお一人で、三清道祖《さんせいどうそ》（元始天尊《げんしてんそん》・道徳天尊《どうとくてんそん》・靈寶天尊《れいほうてんそん》）の師でもあるのです。

そして、そのマッサージ師が突如目の前でノートを取り出して、三色のペンで二十数ページもの枚数の神託を書き降ろし、私に差し出し、仕事中にもかかわらず我々を外に連れ出して法術を授けてくださいました。

道士をやっていると、このようなユニークで神秘的な体験は日常茶飯事で起き、とても刺激的です。したがって、初心者や素人でも護符や梵字に宿る霊力を感じることによって、これまで出会ったこともないような素晴らしい出来事につながるかもしれません。

◆天の時、地の利、人の和が三位一体で揃う

さらに、運氣を高めるための鍛え方にもコツがあります。

中國には天、地、人という言葉がありますが、

天の時＝神々の加護、自然の恩恵など
地の理＝土地の霊力、環境など
人の和＝陰徳を積む、行動力など
が三位一体で揃うことが不可欠だとされています。

これは風水でも護符でも神々のご加護でも、すべてに共通するルールです。

つまりどれが欠けてもダメなのです。
ボクシングのジムで例えると
天＝指導者（トレーナー）
人＝選手
地＝ボクシングジム
ということになります。
仮に世界一のボクシングジムに入門したとします。
そこには優秀なトレーナーがいて指導してくれたとしても、選手が一生懸命でなければお話になりません。
この場合の天、地、人は割合でいうと、3対3対3＝天地人の合一なのです。
よく誤解されるのが、
「最高神にお願いしたから必ず成就する‼」
とか
「神様なんだから絶対でなくてはならない‼」
とか思われがちですが、その人が一生懸命でなければ絶対に効果は表れません。

◇ご利益が期待できる人、できない人

私の経験上、周りの家族、友人、知人に至るまでの経験上から言わせてもらうと、

〝物見遊山の人〟
〝真剣じゃない人〟
〝他力本願な人〟
〝マイナス思考の人〟
〝愚痴る人〟
〝常に他人のせいにする人〟
〝自分が偉いと思っている人〟

には、通常よりも効果が表れにくいことがありました。

逆に

〝一生懸命な人〟
〝陰徳を積んでいる人〟
〝プラス思考の人〟

〝何事にも前向きな人〟

〝果敢に挑戦する人〟

〝親、兄弟、先祖を尊敬している人〟

〝愚痴らない人〟

〝謙虚な人〟

はよい事がたくさん連続して起こっています。

◇一秒でも早く己の運氣を鍛える

古代中國にはこんな言い伝えがあります。

『漢の時代の帝・孝文帝《こうぶんてい》（第七代皇帝在位４７１年〜４９９年頃）が密かに領土を視察していた時に、弘農県《こうのうけん》に住む劉進平《りゅうしんぺい》という人物の家が風水的に看《み》て大凶宅にも関わらず、大変栄えていることを知り、帝は劉の家を訪れてこう尋ねました。

「この家は大凶宅のはずだ。何か特別な法術でも用いているのか」

するとは
「はじめは散財するわ、人や家畜に不吉な事が起こるわで散々でした。そこに二人の書生が現れ宿を乞うたので、わずかに残った粥《かゆ》を振舞いました。

礼代わりに七十二の靈符を教えてくれました。曰く「これを用いれば十年で大富貴となり、二十年で子孫が繁栄し、三十年で天子が訪れる」と予言したのです。

大半はその通りになりましたが、未だに天子は訪れません。帝が二人の行く先を尋ねると、劉は
「家の門を出て五十歩のところで二人の姿は消え、一筋の白い光が指した」

という。帝は二人が神仙の化けた姿だと悟り、その靈符を天下泰平のために流布させたといいます』

私はこの道に入って、この伝説など足元にも及ばない洋の東西を超越した神々と邂逅《かいこう》し、現実に起こった超常現象や神人合一の数々および数多の神秘体験をしすぎたため、正直、今でも理解できない事もたくさんあります。

ただ一つの絶対的な答えとして、「現実に起こってしまった既成事実だけは、どんな事をしても覆しようがないことと否定しようがない」という答えに行き着きました。

つまり七十二枚の靈符が起こした奇跡の話は、霊力が宿る護符（靈符）によって神様と邂逅することができ、いつでもどこでも起こりうるのです。

逆にいうと、護符や梵字との出会いが人生を劇的に変えてくれるともいえます。

護符や梵字に描かれた文字の歴史は、古代の「象形文字」の時代から推定すると何千年もの歴史があり、人間界はもとより森羅万象のすべてが積み重ねられて、強力なパワーを宿しているのです。

文字をなぞることによってそのパワー（霊力）を体内に取り入れることで、あらゆるご利益を授与することができます。これこそ〝究極の引き寄せの法則〟といえるでしょう。ただし、目先の利益だけを追ったり、人を陥れたりするために行うのではありません。すべて「経世済民《けいせいさいみん》」のためなのです。

「経世済民」とは、ひとことで言えば「世のため、人のため」ということですが、中国の古典に登場する語で「世を経《おさ》め、民を済《すく》う」ことにつながるのです。

したがって、護符や梵字をなぞるときには常に、この精神で臨まなければなりません。斎戒沐浴や精神統一もそのための準備行動だと考えてください。

そうすることで、皆さんもここで記した護符や梵字によって、己の運氣を鍛えることを一秒でも早く実践し意識して、己の運氣をきちんと操縦して、幸運になって頂ければ幸いです。

【第２章】
護符や梵字に宿る古代文字の言霊

◇古代文字には神様と深い関係があった

昔から文字は時代や現実を表すといわれてきました。

特に象形文字や甲骨文字のような古代文字は顕著で、当時は何事も占術で決定されていたこともあり、神様と何らかの関係を示したり、反対に呪いを意味する文字が多くありました。

例えば「舞」という字は、上の部分を雨かんむりとして、「舞」とは雨乞いの舞という意味があるとされました。

さらに「道」「導」という文字には「(生)首」を持って歩くという意味があり、討ち取った敵の首を持って凱旋《がいせん》するような場面が想像できます。

このように、古代文字には神様や呪術など神懸かり的な意味から生まれてきたからこそ、霊力が込められているとも解釈できるのです。

つまり古代から文字には神様や呪術と深く関係して、霊力も高められてきたのです。

だからこそ文字を認《したた》めた護符には霊力が宿っていて、古代中国では風水と結びつき、道教道士が荘厳な儀式を行い認めた護符を「靈符」として、あらゆる場面で崇められてきたのです。

特に道教の世界では靈符には「氣《き》」が込められており、その源は大自然のエネルギーだとされてきました。

そして大自然の凝縮した氣（エネルギー）の総称が風で、その風が水に集まる習性を古《いにしえ》の偉人は「風水」と呼んでいたのです。

◆写経には現世利益を導くパワーがある

さて、人という生き物は日によって氣の在り方が違い、気候や感情などに変化を受けてしまう生き物です。
中国の西晋王朝から東晋王朝（276年～324年頃）に、実在した郭璞《かくはく》という風水師が「葬書」という古典にこんな言葉を残しています。
「氣は風に乗《じょう》ずれば散《さん》じ
水に界《へだ》てられれば即ち止《とど》まる。
古人はこれを聚《あつ》めて散ぜしめず
これを行いて止めるあり。

ゆえに、これを風水という」

つまり大自然の凝縮したエネルギーとして「風」が生まれ、その風は「水」に留まる性質を有するので「風水」と呼ばれるようになりました。

実は人体の7割近くは水分でできていて、「氣」と「水」が人体の要素なので、運氣をよくするには風水で環境を吉に整えなければならないのです。

それには霊力がこもった護符が、運気向上のツールとして必要なのです。

本書では、古より伝わる道教式の祝詞を現代風に手軽な長さに集約し、写経や秘伝の一文字として〝書く〟〝唱える〟〝なぞる〟〝写真におさめる〟〝置く〟ことによって、常に〝意識する〟ことになります。

そして、それまで漠然としていた願望をスタートからゴールまでの道程として具体的に意識することで引き寄せの法則を起こし、自身の体質を鍛えて現世利益に還元するのです。

◆護符には「氣」のエネルギーがこもる

意識とは＝意を持った氣のことですが、では「氣」とは何でしょうか？
「氣」とは、物事を成し遂げられる氣力のエネルギーのことです。

中国古来の道教哲学では、万物の根底にあるのは、「天地人三才」と呼ばれる思想だと説きます。

つまり成功するためには、前述したように天・地・人（天の時＝神々の加護、地の理＝土地の霊力、人の和＝陰徳を積む）が絶対に不可欠なのです。

ここでは、靈符の書式（次頁参照）と意味を解説しながら説明しましょう。

道教の道士の中で非常にポピュラーなもののひとつに、「雨＋漸＋耳」という文字があります。

これは北極星信仰である妙見菩薩、または玄天上帝などねぶた祭りの由来だといわれている萬星を統御する紫微大帝（萬星教主　玉斗天尊）という神佛を意味する諱文字《いみなもじ》なので

[特殊な諱文字には一字一字に意味がある]

●諱文字には①~㉘までの画数に、いろいろな意味が込められている

①一画目＝天
②二画目＝地
③三画目＝風
④四画目＝雲
⑤五画目＝雷
⑥六画目＝雨
⑦七画目＝霜
⑧八画目＝雹
⑨九画目＝上元
⑩十画目＝中元
⑪十一画目＝下元
⑫十二画目＝貪狼
⑬十三画目＝巨門
⑭十四画目＝禄存

⑮十五画目＝文昌
⑯十六画目＝廉貞
⑰十七画目＝武曲
⑱十八画目＝破軍
⑲十九画目＝天蓬元帥
⑳二十画目＝天猷元帥
㉑二十一画目＝翊聖元帥
㉒二十二画目＝佑聖元帥
㉓二十三画目＝離火
㉔二十四画目＝玉旨
㉕二十五画目＝坎水
㉖二十六画目＝震雷
㉗二十七画目＝尊
㉘二十八画目＝勝

す。

この特殊な諱文字には一画一画に意味があります。例えば、雨の一画目は〝天〟という意味を表しています。その他は、前頁の通りです。この字が描かれた護符（靈符）を身に付けることで、このようにさまざまな影響が及ぼされるということです。

◆実物の護符にはさまざまな意味が込められる

では、実際の御神符（P35参照）で解説しましょう。最初に紹介するのは、護符（靈符）の中でもオーソドックスなもので、いろいろな要素が含まれています。

上の三つのレ点は「三清道祖」（元始天尊・道徳天尊・靈寶天尊）、次の「奉」という文字は避凶化吉（凶を避けて吉に趣く）の働きをする八卦、〝玉旨〟という文字は〝玉帝の代理権限を発動する。火急速やかに執り行うように〟という意味です。

「勅令」という文字は符令を、鳥居のような形は〝上天〟、〝天柱〟、〝火輪〟を表します。真ん中の〝鎮宅光明大吉大利〟と言う文字は「符腹呪字《ふふくじゅじ》」といいます。

十印の文字は「二十八宿星神」という眷属を表し、最後の一番下の複雑な図形は「符《ふ》膽《たん》」といいます。

◇「三清道祖」は道教の最高神で護符の象徴

実際の護符（靈符）で紹介した「三清道祖」はとても高尚な人物です。

三清とは、道教の最高神で、「太元」を神格化した最高神元始天尊と、「道」を神格化した霊宝天尊（太上道君）、老子を神格化した道徳天尊（太上老君）の三人のことです。

三清道祖の三神はそれぞれ「倹（元始天尊）」、「慈（道徳天尊）」、「謙（霊寶天尊）」を象徴しています。

それぞれ、道教における天上界の最高天の「玉清境」「上清境」「太清境」に、住んでいるといわれています。

元始天尊は天地創造の神として万物の成立ちを司ります。三神の「倹」を象徴し、なる

[護符に込められた文字や符号は何を著しているのか？]

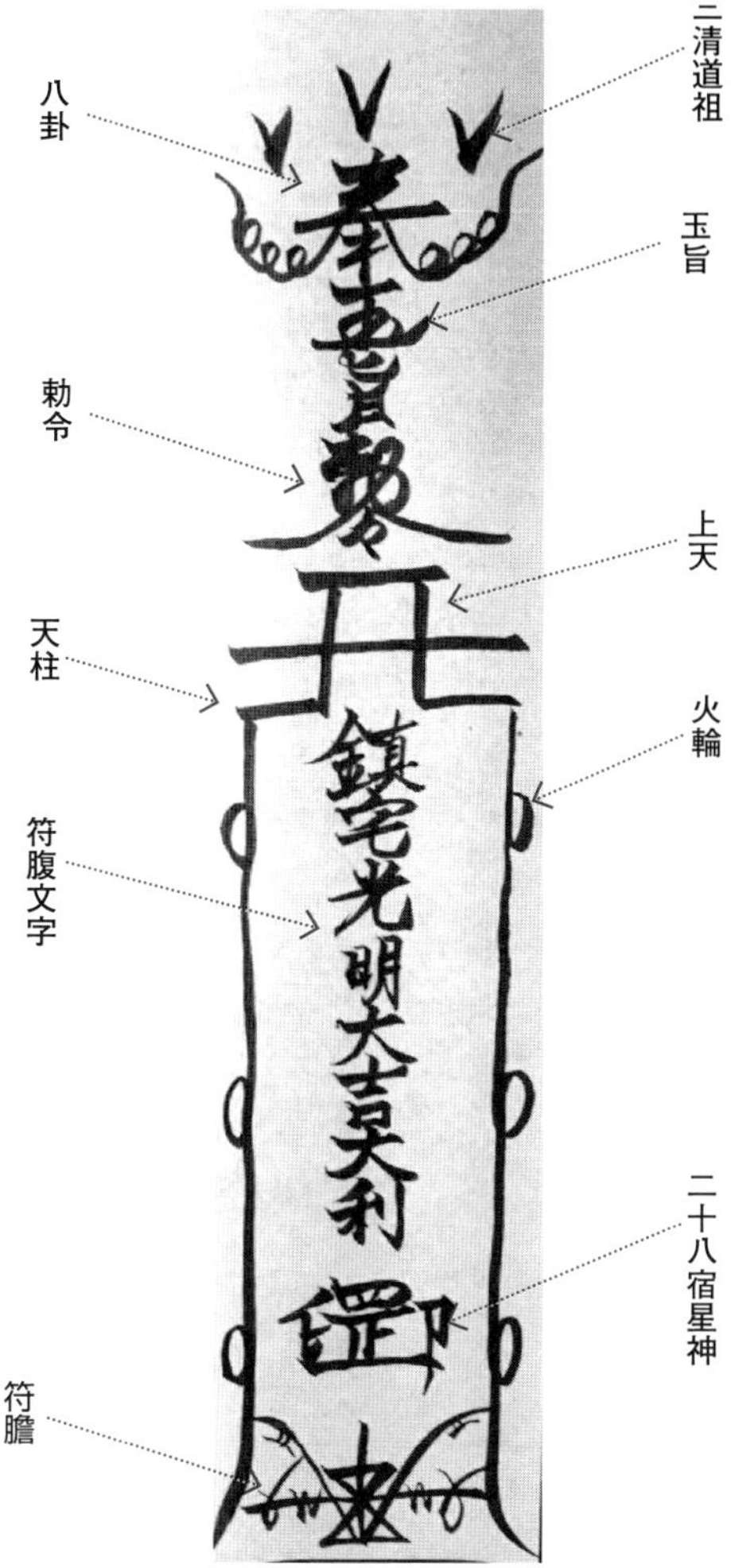

三清道祖(左から道徳天尊、元始天尊、靈寶天尊)

べく物に頼らない生活を営むことは教えとなります。

道徳天尊は万物を導く「道」（タオ）を司る神様で、三神の「慈」を象徴し、慈しみを持ち、自分を愛するように他人を愛することを教えています。

霊寶天尊は万物に魂を授け、精神の調和を司る神様で、三神の「謙」を象徴し、神が持つことによって譲り合い、また謙虚であることの教えを表します。

◇護符は天上界からの御心を伝える贈り物

その他、護符（靈符）で有名なものに、第一章でも紹介した「五嶽眞形圖《ごがくしんぎょうず》」（左頁参照）や「太上《たじょう》秘宝《ひほう》鎮宅《ちんたく》七十二《ななじゅうに》道靈符《どうれいふ》」（左頁参照）などがあります。

護符（靈符）の起源といわれている「五嶽眞形圖（陽巻）」は、百邪を退け百福を得るといわれていて、国の五つの靈山（中嶽嵩山、北嶽恒山、南嶽衡山、東嶽泰山、西嶽華山）を図形化した護符（靈符）です。

[護符（靈符）として有名な二つの護符]

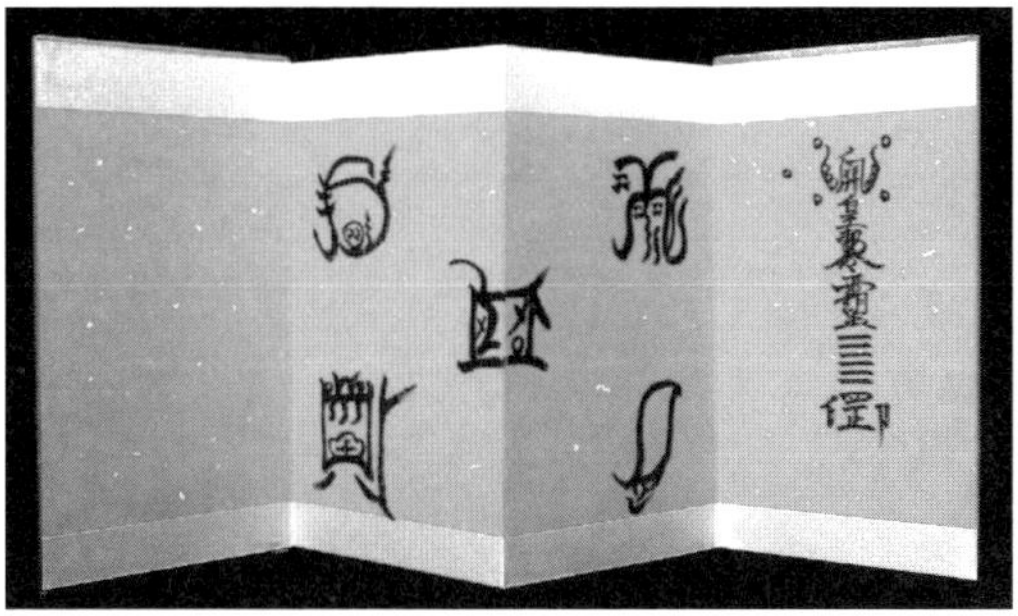

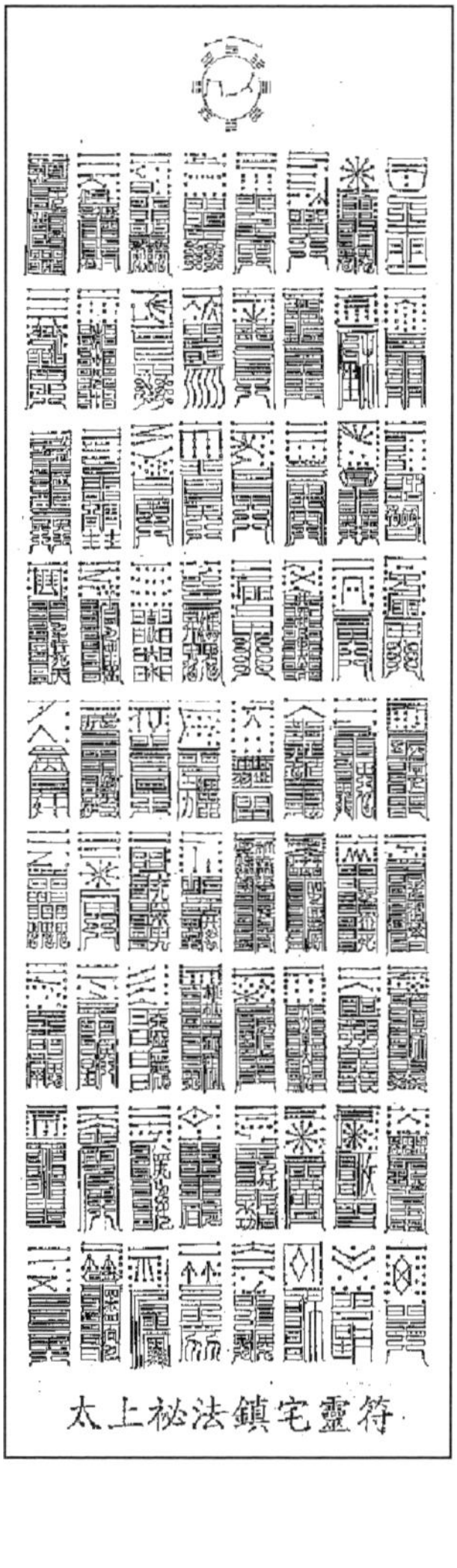

「五嶽眞形圖」（上）と、「太上秘宝鎮宅（七十二道）靈符」（右）

老子を神格化した道徳天尊（太上老君）

さらに、奇妙な形の霊的な文字が記されていますが、これは三清道祖のひとり太上道君が発した神々に対する命令で、「五嶽眞形圖」を持つ者を守護して、災難に遭わないような意味があります。

また、「太上秘宝鎮宅七十二道靈符」は、奈良市陰陽町に鎮宅靈符神社という神社がありますが、天御中主神《あめのみなかぬしのかみ》をご祭神として祀られており、恐らく中国から道教の護符（靈符）が伝わり、妙見信仰《みょうけんしんこう》などと習合したと思われます。

このように、もともと道教の護符（靈符）は神道、仏教、密教、修験道などに多大な影響を与えているのです

護符（靈符）にはなぜ、運を開いたり願いを叶えたり災いを断ち切ったりするパワー（霊力）があるかというと、護符が天界に端を発して、それを持つ者に対して神々のご加護があるように、さらに天上界の神様から命令があるからなのです。

つまり、護符（靈符）は天上界からの御心を伝えるアイテムであり、贈り物だからです。

◇護符の文字や図形に込められた特別な意味

さらに、護符（靈符）に記されたそれぞれの文字や特殊な図形、数字には特別な意味があるのです。

それらのシンボルと人体や場所の意識の共鳴によって、ミクロコスモス（小宇宙意識）とマクロコスモス（大宇宙意識）が一体となりますが、それを一般的には神人合一とか無我の境地といっているのです。

例えば、金運上昇なら金運を〝引き寄せる〟エネルギーを与えて、現実的に引き寄せるのです。そして、古来より伝えられている図形やマークは、神々の御力を象徴するシンボルなのです。

例えば、どこかで目にした人も多いと思いますが、「太極図」（次頁参照）というマークには、先天と後天があって、どちらの意味も

・「地」と「天」
・「月」と「日」

［太極図］

・「陰」と「陽」
・「鳳」と「龍」
・「裏」と「表」
・「女」と「男」
・「静」と「動」
・「防御」と「攻撃」
・「黒」と「白」
・「遠心力」と「求心力」
・「膨張」と「収縮」
・「高周波」と「低周波」
・「外」と「内」
・「湿潤」と「乾燥」
・「柔」と「剛」
・「精神的」と「物質的」
を象徴しています。

つまり、物事のすべてに「陰」と「陽」があり、プラスがあればマイナスもあるということです。

◆中国伝来の難解な梵字は「神の文字」

また、護符には漢字だけでなく「梵字《ぼんじ》」と呼ばれている古代インド語を表す文字も描かれています。

梵字は中国から仏教と共に伝えられましたが、お墓の側に立ててある卒塔婆《そとば》に記されていたり、五輪塔に刻まれていたりします。

そもそも梵字とは、サンスクリット語が由来で、古代インドで使われていた言葉のひとつで、仏教の多くの経典がこの言語で記されており、主に南アジア・東南アジアにおいて哲学や学術などの分野でも広く使われてきました。

梵字の起源は、古代インド語の一系統である「ブラーフミー文字」と考えられており、仏教と関わりの深いサンスクリット語が、漢字文化圏で「梵語《ぼんご》」と呼ばれるようになり、その梵語を記す文字が「梵字」として使われたというわけです。

梵字は中国を経由して奈良時代に日本に伝わりましたが、この時一緒に仏教も伝来したため、日本では仏教と梵字が強いつながりを持つようになります。

これまで見たこともない中国伝来の難解な梵字は、当時の日本の僧侶たちにとって神聖なものとされ、「神の文字」と考えられていたのです。

平安時代には、天台宗の開祖である最澄や真言宗の開祖である空海によって、梵字で書かれたたくさんの経典が日本にやってきて、梵字と仏教は独自の文化を生みだすまでに発展しました。

◈墓石にも記されて守護の願いが込められた

では、梵字をお墓で見かけるのはなぜでしょうか？　長い歴史を経て仏教との結びつきが強くなる中で、梵字には霊力が宿り、一つひとつに象徴する如来や菩薩などがいるとされました。

そこで、墓石に梵字が記されることになり、その宗派のご本尊への敬意や、守護の願いが込められることになったのです。

例えば、真言宗では大日如来を表す「ア」、天台宗では「ア」または阿弥陀如来を表す「キリク」という梵字を記しています。

また、子どもの墓石には、「カ」が使われますが、これは地蔵菩薩を表しています。地蔵菩薩は賽《さい》の河原で椅子を積む、子どもの守り神とされているからです。

こうしてみると、梵字には明らかに次のような歴史的な意味があり、大いなる霊的な力を感じ取ることができるのです。

・梵字は古代インドの言葉が形を変えて日本に伝来したもの
・梵字は一文字で如来や菩薩、明王、天部などを象徴する
・墓石の梵字は仏教の五大要素である「地水火風空」や宗派のご本尊を表す

だからこそ梵字には霊的な力が宿り、さまざまな願い事を叶えてくれるツールとして大きな役割を果たしてくれるのです。

ですから、漢字も梵字も身近に置き触れることで、その霊力をわがパワーとしてインプットされていくのです。

霊力が宿る護符や梵字を書くまたは取り扱う際には、風水師のようなプロでなくてもあ

る程度の心構えと準備をしなければなりません。
風水師には次のような厳しい決まり事があります。

一、日々心身を錬磨研鑽し善行を積むこと
一、水を浴びて身を清めること
一、臭気の強い食べ物、飲酒、喫煙などは厳禁
一、部屋を掃除し清浄に保つこと
一、穢《けが》れた手や消極的、否定的な感情で執行わないこと
一、妊婦や月経中の女性との接触は避けること

このようにかなりの厳しい制約があるので、一般の方には不向きなので今回は簡易的な作法をご紹介します。

ただし、初心者や素人ならそれほど気にする必要もないだろうと軽く考えていると、せっかく書いてもご利益が期待できないことになるので、最小限の決まり事として理解して頂きたいのです。

【第3章】

［実践編］護符&梵字ドリル

◇神仏、菩薩を自分の体内に取り込むイメージ

まずは、護符を認《したた》める正式な儀式としての解説をしておきましょう。

部屋を浄《きよ》めお香を焚《た》き、神仏やご先祖への感謝を忘れずに願望を具体的に想像します。筆と硯《すずり》と墨《すみ》は、できれば新しい護符や梵字専門の物を用意したほうがいいでしょう。

そしてそれらを手に持って「八大神咒文《はちだいしんじゅもん》」を唱えます。大切なのは願望に対してその担当の諸々の神仏、菩薩のお姿を自分の体内に取り込むイメージをするということです。イメージの中で神仏と一体となることは道教でも密教でも修法として存在し、非常に強力です。集中すれば、咒文を唱えると身体の内から浄化されていくのが体感できるはずです。

神仏の御力を拝借するにはまず、降りて頂く自分の身体を器に見立てるために浄化の咒文が必要なのです。道教の八大神咒という咒文ですが、これは咒文を唱える際の「場所、心、口、身体、土地、業、壇、天地、金光」という順序で浄める作法です。

時間やスペースの制約で正式な方法がとれない時には、簡易的な方法もあります。筆や墨がない場合には、ボールペンや鉛筆または指で書くことも有効です。

また、神棚や仏壇、仏像などがない人は、神様のお姿を心の中でイメージしてください。

八大神咒文

【浄心神咒《じょうしんしんじゅ》】
太上台星《たいじょうだいせい》、應変無停《おうへんむてい》、驅邪縛魅《くじゃばくみ》、保命護身《ほめいごしん》、智慧明浄《ちえめいじょう》、心神安寧《しんしんあんねい》、三魂永久《さんこんえいきゅう》、魄無喪傾《はくむもけい》、
急急如律令《きゅうきゅうにょりつれい》

【浄口神咒《じょうこうしんじゅ》】
丹朱口神《たんしゅこうしん》、吐穢除氛《とあいじょき》、舌神正倫《ぜつしんせいろん》、通命養神《つうめいようしん》、羅千歯神《らせんししん》、却邪衛真《きゃくじゃえいしん》、喉神虎賁《こうしんこひき》、氣神引津《きしんいんしん》、
心神丹元《しんしんたんげん》、令我通真《れいがつうしん》、思神錬液《ししんれんえき》、道氣常存《どうきじょうぞん》、急急如律令《きゅうきゅうにょりつれい》

【浄身神咒《じょうしんしんじゅ》】
靈寶天尊《れいほうてんそん》、安慰身形《あんいしんけい》、弟子魂魄《でしこんぱく》、五臓玄明《ごぞうげんめい》、青龍白虎《せいりゅうびゃっこ》、隊仗紛紜《たいじょうふんうん》、朱雀玄武《すざくげんぶ》、侍衛我《じえいが》
真《しん》、急急如律令《きゅうきゅうにょりつれい》

【安土地神咒《あんとちしんじゅ》】
元始安鎮《げんしあんちん》、普告萬靈《ふこくばんれい》、嶽瀆真官《がくとくしんかん》、土地祇靈《とちきれい》、左社右稷《さしゃうしょく》、不得妄驚《ふとくもうきょう》、回向正道《えこうせいどう》、内外澄清《ないがいちょうせい》、
各安方位《かくあんほうい》、備守神壇《びそうしんだん》、太上有命《たいじょうゆうめい》、捜捕邪精《さくほじゃせい》、護法神王《ごほうしんのう》、保衛誦經《ほえいしょうけい》、皈依大道《きえたいどう》、元亨利《げんこうり》
貞《てい》、急急如律令《きゅうきゅうにょりつれい》

【淨三業神咒《じょうさんごうしんじゅ》】

身中《しんちゅう》諸内境《しょないきょう》、三萬六千神《さんまんろくせんしん》、動作履行《どうさりこう》藏前劫並後業《ぞうぜんこうへいごぎょう》、願我身自在《がんがしんじざい》、常住三寶中《じょうじゅうさんぼうちゅう》、當於劫壞《とうおこうかい》時《じ》、我身常不滅《がしんじょうふめつ》、誦此眞文時身《じょししんぶんじしん》、心《しん》、口業皆清淨《こうごうみなせいじょう》、急急如律令《きゅうきゅうにょりつれい》

【淨壇神咒《じょうだんしんじゅ》】

太上說法時《たいじょうせっぽうじ》、金鐘響玉音《こんどうきょうぎょくおん》、百穢藏九地《ひゃくあいぞうきゅうち》、群魔護騫林《ぐんまごこんりん》、天花散法雨《てんかさんほうう》、法鼓振迷沉《ほうこしんめいじん》、諸天《しょてん》廣善哉《こうぜんざい》、金童舞瑤琴《きんどうぶようきん》、願傾八霞光《がんけいはっかこう》、照依皈依心《しょういきいしん》、蚕法大法稿《さんほうだいほうこう》、翼侍五雲深《よくしごうんしん》、急急如律令《きゅうきゅうにょりつれい》

【浄天地神咒《じょうてんちしんじゅ》】

天地自然《てんちしぜん》、穢氣分散《わいきぶんさん》、洞中玄虛《どうちゅうげんきょ》、晃朗太元《こうろうたいげん》、八方威神《はっぽういしん》、使我自然《しがしぜん》、靈寶符命《れいほうふめい》、普告九《ふこくきゅう》天《てん》、乾羅答那《けんらとうな》、洞罡太玄《どうかんたいげん》、斬妖縛邪《ざんようばくじゃ》、殺鬼萬千《さつきばんせん》、中山神咒《ちゅうざんしんじゅ》、元始玉文《げんしぎょくぶん》、持誦一遍《じじょいちへん》、却病《きゃくびょう》延年《えんねん》、按行五嶽《あんこうごがく》、八海知聞《はっかいちぶん》、魔王束首《まおうそくしゅ》、侍衛我軒《じえいがけん》、凶穢消散《きょうわいしょうさん》、道氣常存《どうきじょうぞん》、急急如《きゅうきゅうにょ》、太《たい》上老君律令勅《じょうろうくんりつれいちょく》

【金光神咒《きんこうしんじゅ》】

天地玄宗《てんちげんそう》、萬氣本根《ばんきほんこん》、廣修萬劫《こうしゅうばんこう》、證吾神通《とうごじんずう》、三界内外《さんがいないがい》、惟道独尊《ゆいどうどくそん》、体有金光《たいゆうこんこう》、覆映吾身《ふくえいがしん》、視之不見《ししふけん》、聴之不聞《ちょうしふぶん》、包羅天地《ほうらてんち》、養育群生《よういくぐんせい》、誦持萬遍《しょうじばんへん》、身有光明《しんようこうみょう》、三界侍衛《さんがいじえい》、五帝司迎《ごていしげい》、萬神朝礼《ばんしんちょうれい》、役使雷霆《やくしらいてい》、鬼妖喪胆《きようそうたん》、精怪忘形《せいかいぼうしん》、内有霹靂《ないゆうへきれき》、雷神隠名《らいじんいんめい》、洞慧交徹《どうけいこうてつ》、五氣騰騰《ごきとうとう》、金光速現《きんこうそくげん》、覆護眞人《ふくごしんじん》、急急如《きゅうきゅうにょ》、玄靈高上帝令勅《げんれいこうじょうていれいちょく》

八大神咒をすべて唱える時間がない場合は口を濯《すす》ぎ、手を洗って心を落ち着かせてから「玄靈《げんれい》高上《こうじょう》帝《てい》速降臨《そくこうりん》急《きゅう》急《きゅう》如律令《にょりつれい》」と唱えてください。

これは、専門家の私でも出先で場所もなく時間も惜しい際に行う作法なので、咒文を唱えず端折っても無礼になることはありません。

こうして、「金運、財運、不動産運、健康運、恋愛運、結婚運、病気避け、交通安全、対人トラブル、天変地異、風雨鎮め、龍神召還」などの願い事をしていけば、大いなるご利益が期待できるというわけです。

本書では「金運、財運、不動産運、健康運、恋愛運、結婚運、病気避け、交通安全、対人トラブル、天変地異、風雨鎮め、龍神召還」など筆者および周りで実際に効果があったものを紹介します。さらに本邦初公開となる自分で書いて福を招く方法を伝授致します。

まずは、次頁から掲載されている護符と梵字を筆やペン、あるいは指でなぞりながら、その霊力を感じるところから始めましょう。

そうすることで、護符や梵字に宿った氣（パワー）が体内に取り入れられ、心が整い運氣がアップして、希望の道が拓けてくるのです。なお、筆やペンの太さは問いませんが、書く線が細い場合には、本に描かれた字の中心をなぞるようにしてください。

①玉皇鑾駕・天皇鑾駕・紫微鑾駕

まず、なぞって書きましょう。
心が整い、希望の道が拓けます。

玉皇鑾駕

天皇鑾駕

紫微鑾駕

①**玉皇鑾駕**《ぎょくこうらんか》**・天皇鑾駕**《てんこうらんか》**・紫微鑾駕**《しびらんか》：玉皇、天皇、紫微の三尊は、道教における天の神格化である玉皇大帝と、玉帝を補佐する四御のことで『福力が最大となし、およそ坐山方向を修造、陰宅を造作するなら百福を發することを司り、よく一切の神殺を制したまえ』という凄まじいご利益があるとされる。この三尊は神佛として道教寺院に祀られたり、年月日時の方位として玉皇（顯星）、天皇（曲星）、紫微（傳星）の名で登場する。民間の暦でも年に5～6日しかない天赦日《てんしゃび》が重宝されるのは、この天帝に罪を赦してもらえるといわれているからである。

ご利益…罪を赦し厄を解き試練を与え鍛えて導く、善人には賞与を授け悪人には罰を下す、福禄寿、加官進禄、富貴吉祥、龍神召喚、鎮宅光明（家を鎮護する）

貼付場所…家の中心の柱や神棚・玄関のいずれかに貼る

②**立春大吉**

ご利益…厄を除け、新しい一年を平穏に過ごせる

貼付場所…玄関に貼る

まず、なぞって書きましょう。
心が整い、希望の道が拓けます。

立春大吉
招財進寶
吉祥如意

②立春大吉・③招財進寶・④吉祥如意

③招財進寶《しょうざいしんぽう》：招財進寶とは財を招き寶を進呈することで、五路（東西南北中央の道筋）の財神の加護によるもので、この財神は玉帝より督財府中大元帥として、人間界の財源の管理を任されている公正明大な雷神（雷部）であり、善人には賞与を悪人には罰を下すという性格である。

東西南北には招寶天尊蕭升、納珍天尊曹寶、招財使者陳九公、利市仙官姚少司を従えて方位と陰陽五行に照応している。

ご利益…金運上昇、商売繁盛

使用方法…財布などに入れて持ち歩く

貼付場所…財方位に貼る

④吉祥如意《きちしょうにょい》

ご利益…良いことが舞い込み、思い通りに事が運ぶ

使用方法…財布などに入れて持ち歩く

貼付場所…財方位に貼る

⑤日進斗金・⑥黄金萬両・⑦日日有財

まず、なぞって書きましょう。
心が整い、希望の道が拓けます。

日進斗金

黄金萬両

日日有財

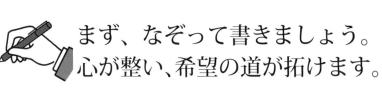

⑤ **日進斗金**《にっしんときん》

ご利益…毎日、斗（マス）ですくえるくらいザクザクと金が入る

使用方法…財布などに入れて持ち歩く

貼付場所…財方位に貼る・レジに入れる

⑥ **黄金萬両**

ご利益…黄金一万両の富

使用方法…財布などに入れて持ち歩く

貼付場所…財方位に貼る・金庫に入れる

⑦ **日日有財**

ご利益…毎日財が入る

使用方法…財布などに入れて持ち歩く

貼付場所…財方位に貼る・レジに入れる

⑧生意興隆・⑨富貴吉祥・⑩加官進禄

まず、なぞって書きましょう。
心が整い、希望の道が拓けます。

生意興隆

富貴吉祥

加官進禄

⑧ **生《せい》意《い》興《こう》　隆《りゅう》**

ご利益…商売繁盛

使用方法…財布などに入れて持ち歩く

貼付場所…財方位に貼る・レジに入れる

⑨ **富《ふう》貴《き》吉《きち》　祥《しょう》**

ご利益…富が入り、身分も上がる

使用方法…財布などに入れて持ち歩く

貼付場所…財方位に貼る

⑩ **加《か》官《かん》進《しん》禄《ろく》**

ご利益…昇進、昇格、給与も上がる

使用方法…財布などに入れて持ち歩く

貼付場所…文昌位に貼る

まず、なぞって書きましょう。
心が整い、希望の道が拓けます。

天官賜福

金玉満堂

百無禁忌

⑪天官賜福・⑫金玉満堂・⑬百無禁忌

⑪ **天官賜福《てんかんしふく》**：旧暦の一月十五日に天官大帝（三官大帝のひとり）が地上に降りてきて人々に福を与えてくれること。三官大帝とは、玉皇大帝の側近で天府（天界）を掌握し、人間に福を授ける天官大帝、地府（地界）を掌握し、人間の罪を赦す地官大帝、水府（水界）を掌握し、人間の厄を解く水官大帝の三神を表す。正式には、天官大帝は上元一品賜福天《じょうげんいっぴんしふくてん》官紫微大帝《かんしびたいてい》といって上元亶恩府《じょうげんたんおんふ》に、地官大帝は中元二品赦罪地官清虚大帝《ちゅうげんにひんしゃくざいちかんせいきょたいてい》といって中元《ちゅうげん》亶宥府《たんゆうふ》に、水官大帝は下元三品解厄水官洞陰大帝《かげんさんぴんかいやくすいかんどういんたいてい》といって下元都會府《かげんとかいふ》に住んでいる。

ご利益…悪罪赦免、厄除け、招福

使用方法…財布などに入れて持ち歩く・レジに入れる

貼付場所…神棚・玄関のいずれかに貼る

⑫ **金玉満堂《きんぎょくまんどう》**

ご利益…家中が金や玉（翡翠《ひすい》＝貴重品）で満ちあふれる

使用方法…財布などに入れて持ち歩く

貼付場所…財方位に貼る

⑭元亨利貞・⑮龍鳳呈祥・⑯五穀豊登

まず、なぞって書きましょう。
心が整い、希望の道が拓けます。

元亨利貞

龍鳳呈祥

五穀豊登

⑬ **百無禁忌**《ひゃくむきんき》

ご利益…元始天尊の弟子である太公望（姜太公）の守護により、あらゆる妖魔邪鬼の類や形状の殺気の凶作用などを退ける

使用方法…財布などに入れて持ち歩く

貼付場所…あらゆる凶方位に向けて貼る

⑭ **元亨利貞**《げんこうりてい》：元亨利貞とは易經の乾卦の持つ四徳のことで、積極的に徳を積むことで萬事によろしいとされる。元が根源、亨が成長、利が開花、貞が実を結ぶことを表し、それぞれが四季に照応している。

ご利益…方位避け・護身・災禍を退ける

使用方法…財布などに入れて持ち歩く

貼付場所…あらゆる凶方位に向けて貼る

⑮ **龍鳳呈祥**《りゅうほうていしょう》：龍と鳳凰が吉祥を呈する。古来より、龍と鳳凰は瑞兆の神獣として尊ばれ、龍と鳳凰が合わさることが中庸で最上だと信じられている。

ご利益…請願成就・和合・完成・神からの祝福

使用方法…財布などに入れて持ち歩く

貼付場所…神棚などに祀る

⑯ 五穀豊登《ごこくほうと》：五穀豊穣

ご利益…豊作・大漁・黒字経営

使用方法…携帯する

密教の梵字

①大日如来・②阿閦如来・③宝生如来

まず、なぞって書きましょう。
心が整い、希望の道が拓けます。

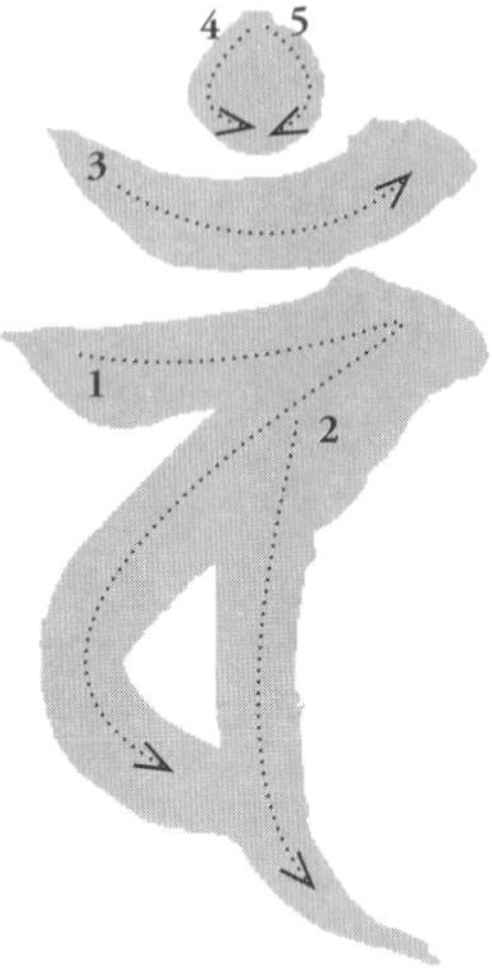

大日如来（バン）

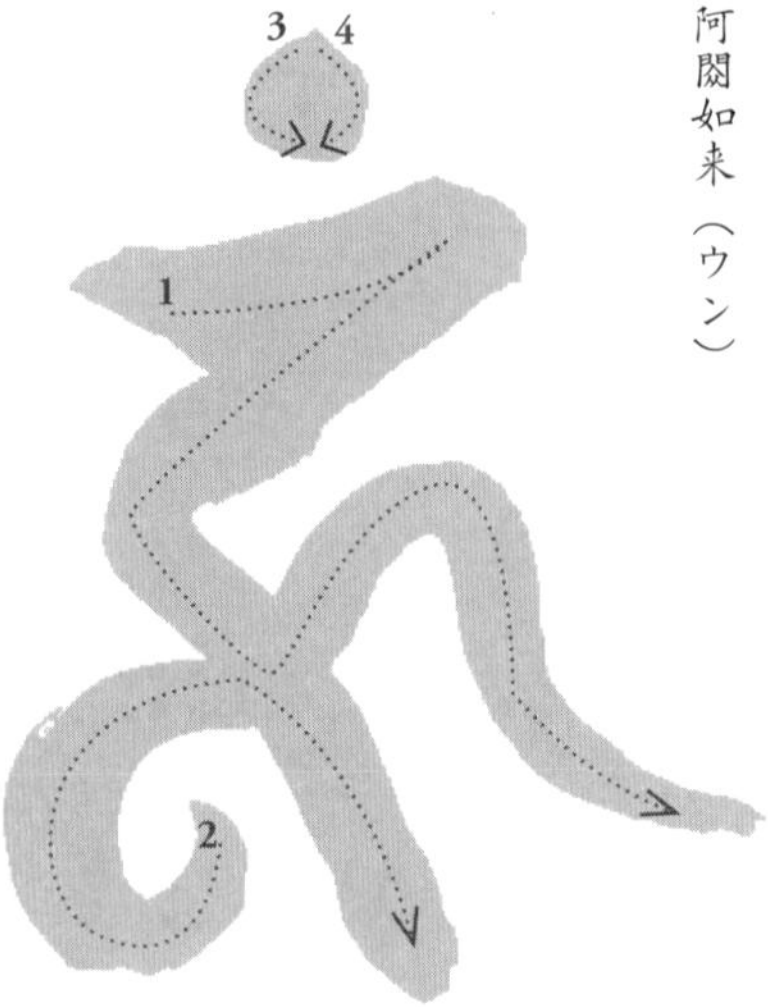

阿閦如来（ウン）

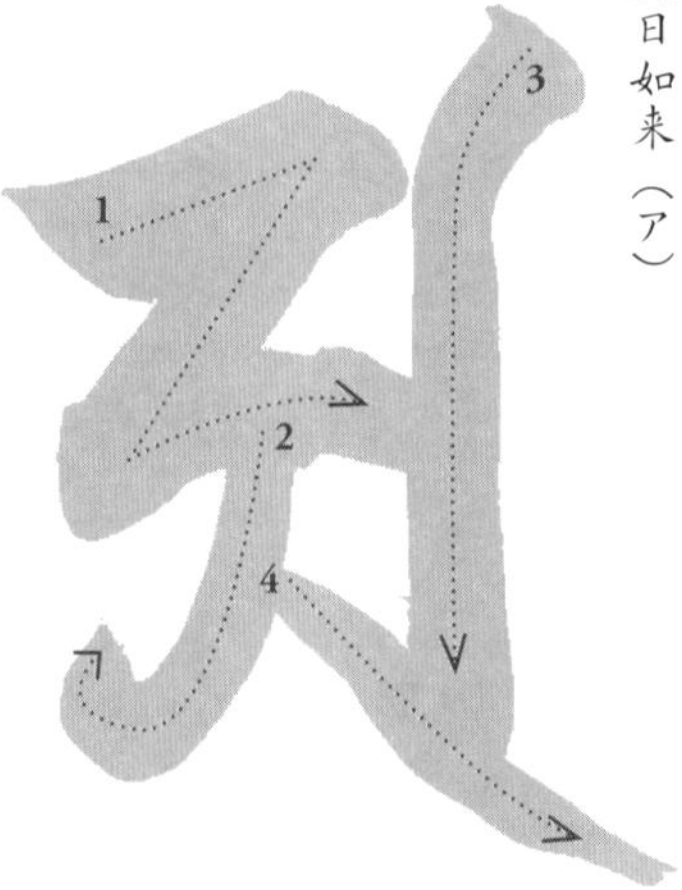

大日如来（ア）

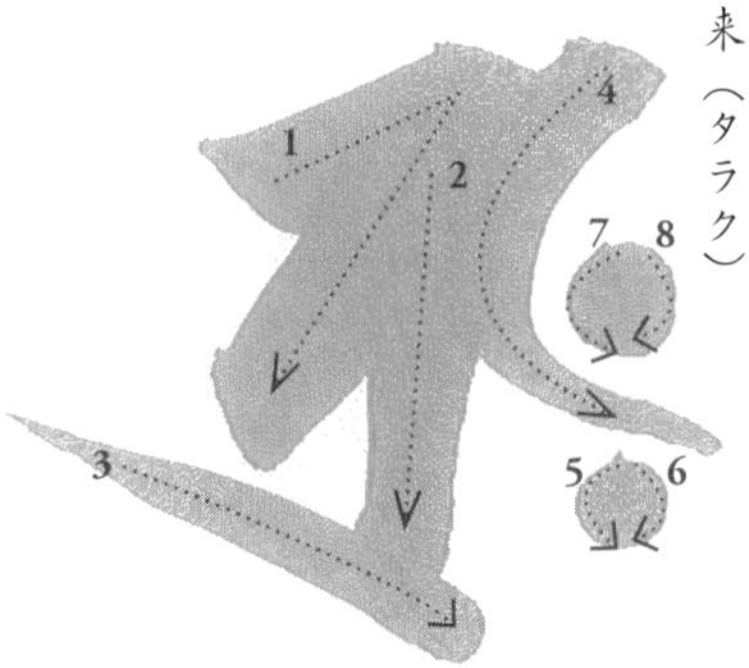

宝生如来（タラク）

＊数字は書き順を表す

◇如来（仏）

①大日如来：大日如来は智慧の象徴である金剛界と慈悲を内包する胎蔵界の両方の教主ですべての中心であり、大日とは太陽を超えるものという意味があり、昼夜を問わずあらゆるものを遍く照らす光である。
ご利益…宇宙の真理ゆえにすべての願いが叶う・願望成就・現世利益
梵名…マハーヴァイローチャナ
種子…バン（金剛界）・アーク（胎蔵界）
ご真言…オン・バザラダト・バン（金剛界）・ノウマク・サンマンダ・ボダナン・アビラウンケン

②阿閦如来《あしゅくにょらい》：阿閦如来は密教における金剛五仏の一尊で、金剛界曼荼羅では、大日如来の東方を鎮護する。梵名のアクショーブヤとは、「揺れ動かない者」という意味がある。
ご利益…無病息災・病気平癒・精神力強化・不屈・滅罪
梵名…アクショーブヤ
種子…ウン

④観自在王如来・⑤不空成就如来・⑥釈迦如来・⑦阿弥陀如来

まず、なぞって書きましょう。
心が整い、希望の道が拓けます。

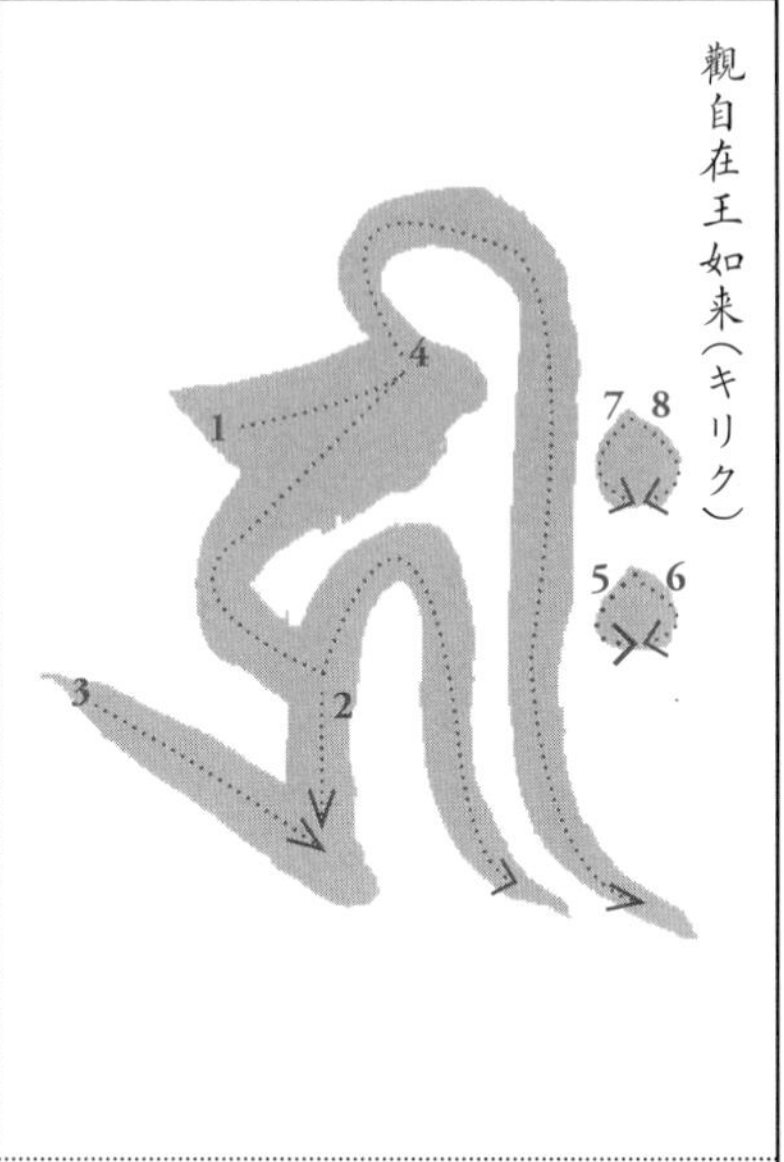

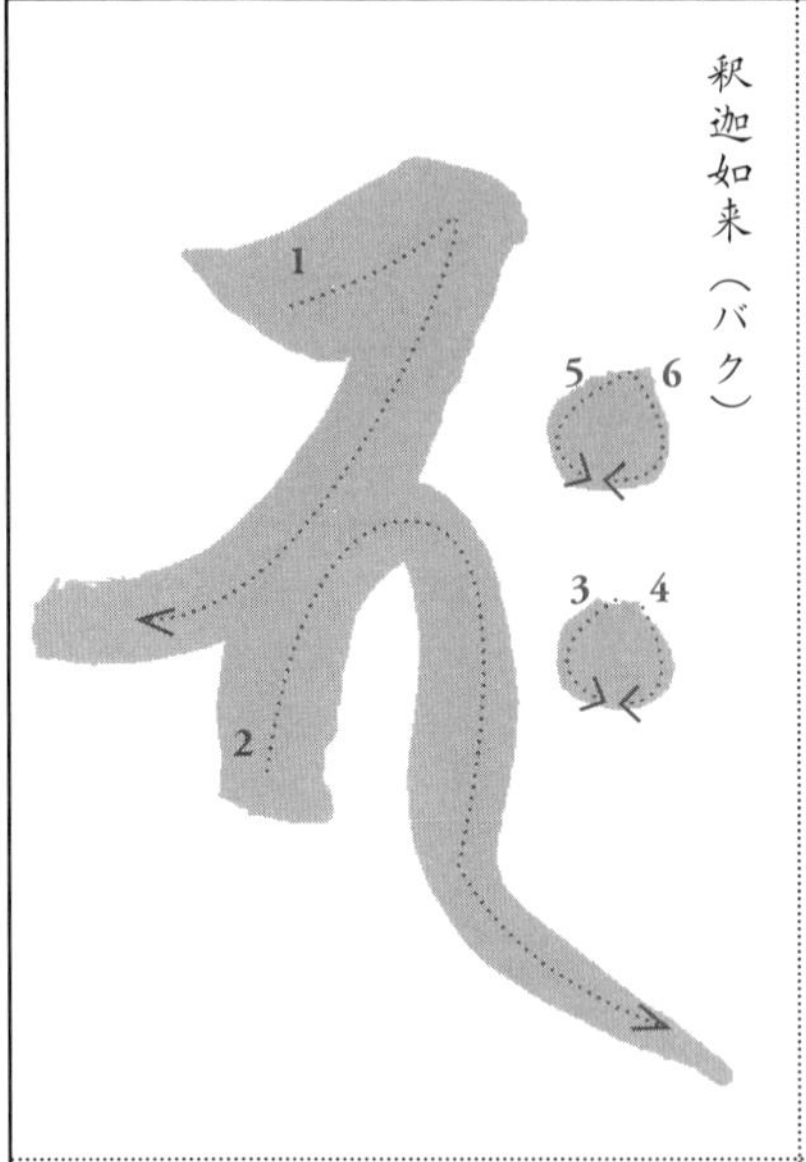

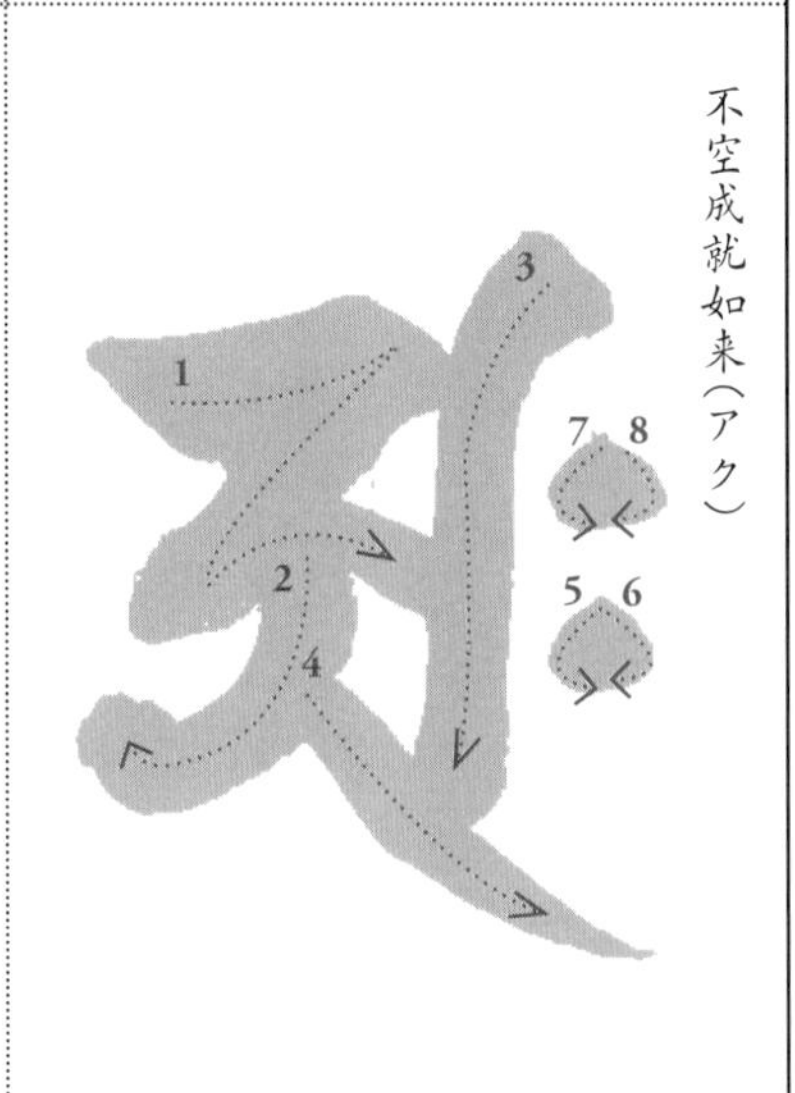

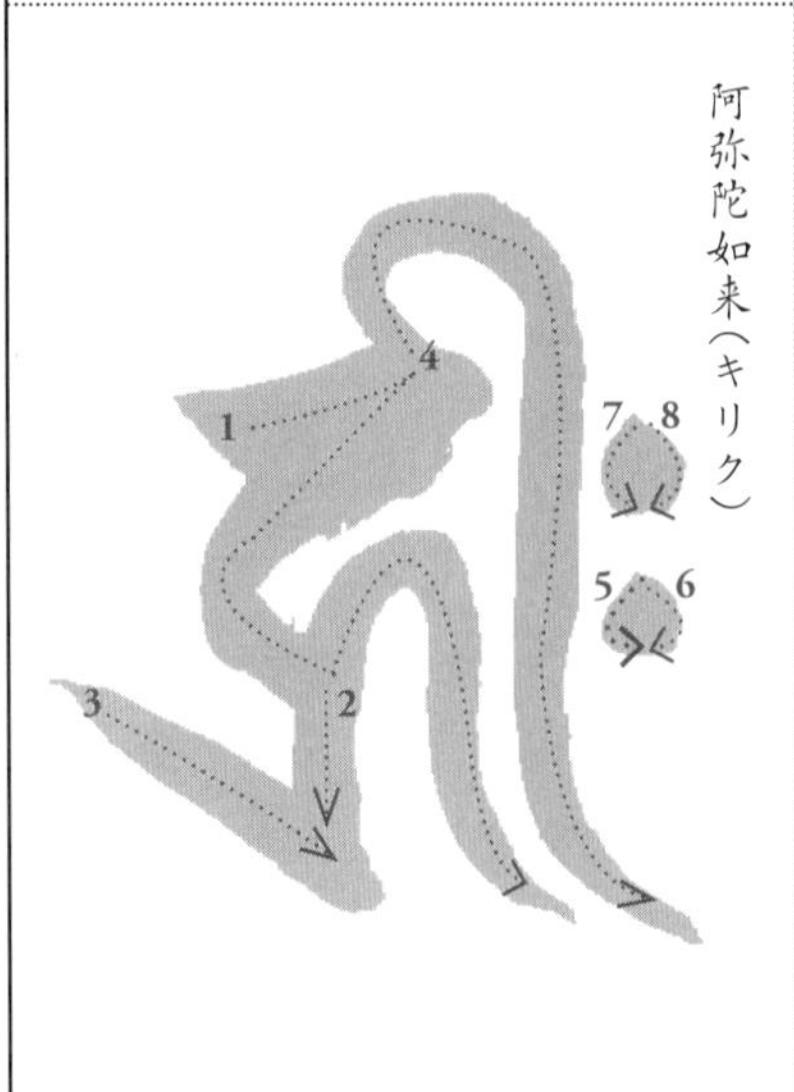

＊数字は書き順を表す

ご真言…オン・アキシュビヤ・ウン

③ **宝生如来**《ほうしょうにょらい》：密教における金剛界五仏の一尊で、金剛界曼荼羅では大日如来の南方を鎮護する。宝生如来は虚空蔵菩薩と同魂とされているので、虚空蔵と同じ種字が使用される。

ご利益…福徳・財宝

梵名…ラトナサンバヴァ

種子…タラク

ご真言…オン・アラタンノウ・サンバンバ・タラク

④ **観自在王如来**《かんじざいおうにょらい》：観自在王如来の由来は観世音菩薩で、この如来は我々の願いに応じて三十三身に変化して救済するとされる。梵名の「アヴァロキーテ」は見る、「シュバラ」は自在という意味で「自在に見る」という意味がある。

ご利益…除災・病気平癒・因縁を断つ

梵名…アーリヤ・アヴァローキテーシュヴァラ

種子…サ

ご真言…オン・アロリキヤ・ソワカ

⑤ 不空成就如来《ふくうじょうじゅにょらい》：密教における金剛界五仏の一尊で、金剛界曼荼羅では大日如来の北方を鎮護する如来でガルダ（迦楼羅天・金翅鳥《きんしちょう》）に乗った姿でも表され、胎蔵界の北方、天鼓雷音如来《てんくらいおんにょらい》と同体であるとされる。

ご利益…その者の行い所作によって大願が成就する智慧を授ける・願望成就

梵名…アモーガシッディ

種子…アク

ご真言…オン・アボキャ・シッディ・アク

⑥ 釈迦如来：仏教の開祖で文殊菩薩、普賢菩薩、薬王菩薩、薬上菩薩、天龍八部衆、十六羅漢などを従え人々を導く。

ご利益…悟りの境地へと導く・苦悩解消・煩悩を鎮める

梵名…シャーキャムニ

種子…バク

ご真言…ノウマク・サンマンダ・ボダナン・バク

⑦阿弥陀如来：阿弥陀如来は極楽浄土で人々への説法を行う如来である。極楽に往生したいと願えば迎えにきてくれるが、生前の善行や信仰によって決められるという。

ご利益…極楽往生・現世での平穏・現世利益・他力本願

梵名…アミターバ

種子…キリク

ご真言…オン・アミリタ・テイ・ゼイ・カラ・ウン

⑧薬師如来：日光菩薩、月光菩薩、十二神將を従えて、病を治すお薬師さまとして親しまれている如来で、左手の薬壺には万病を癒す秘薬が入っているとされており、しかもいくら使っても減ることはない。

ご利益…病気平癒・健康・眼病予防・安産・請願成就

梵名…バイサジャグル

種子…バイ

ご真言…オン・コロコロ・センダリ・マトウギ・ソワカ

⑧ 薬師如来

まず、なぞって書きましょう。
心が整い、希望の道が拓けます。

薬師如来（バイ）

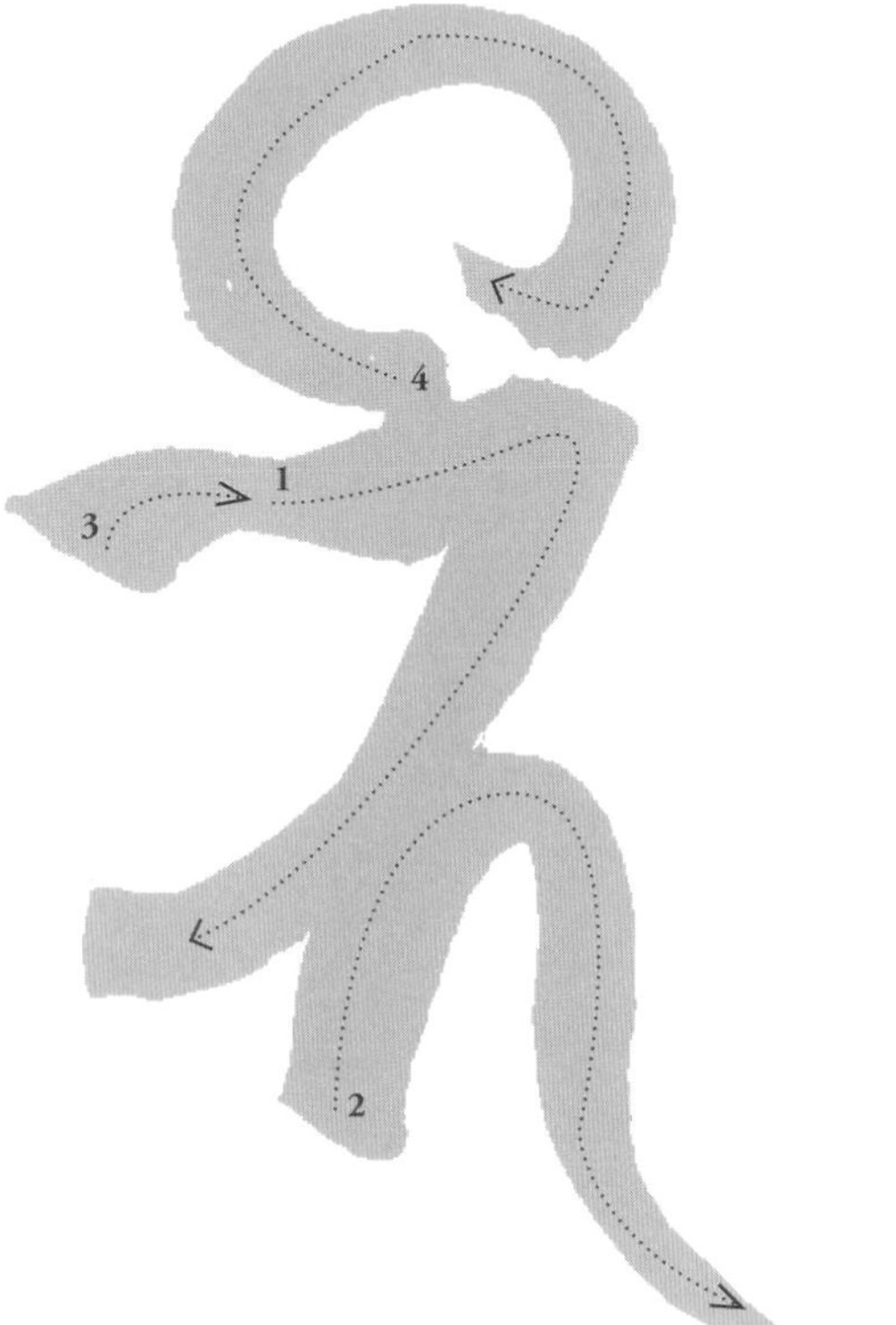

＊数字は書き順を表す

◇**菩薩**：悟りへの勇気を持つ衆生を救う尊格

⑨ **文殊菩薩**：〝三人寄れば文殊の知恵〟のことわざの由来の菩薩で、釈迦如来に普賢菩薩とともに脇侍を務める菩薩で、右手の利剣は誤った言論を断ち切り、左手の経巻は正しい道に導く象徴とされる。獅子に乗っているのは文殊菩薩の「智」は〝百獣の王のように最強で、他に匹敵するもののないもの〟を表す。

ご利益…知恵・英知・閃き・判断力

梵名…マンジュシュリー

種子…マン

ご真言…オン・アラハシャ・ノウ

⑩ **普賢菩薩**《ふげんぼさつ》：普賢菩薩は六本の牙を持つ白い象に乗るが、これは象のようになにごとにも動じないことを表し「決して揺るがない悟り」を象徴する。

ご利益…罪を赦し救済する・延命

梵名…サマンタバドラ

種子…アン

文殊菩薩⑨・普賢菩薩⑩・地蔵王菩薩⑪・弥勒菩薩⑫

まず、なぞって書きましょう。
心が整い、希望の道が拓けます。

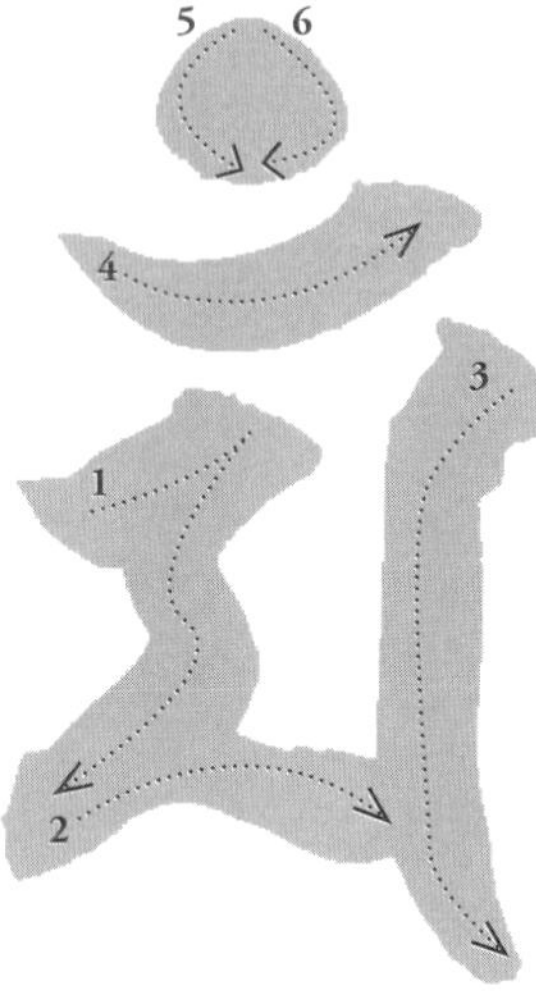

文殊菩薩（マン）

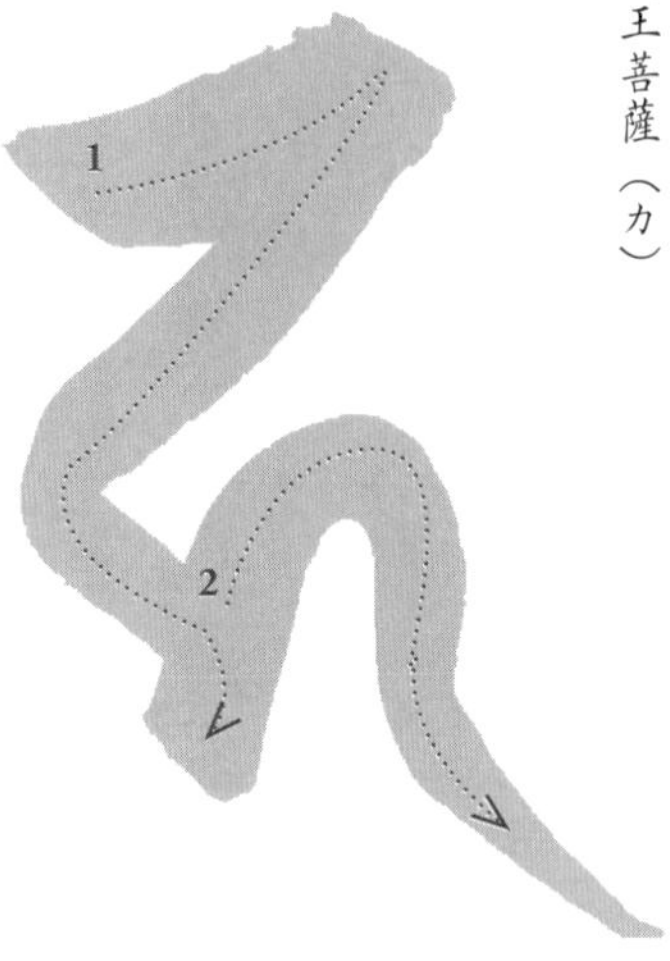

地蔵王菩薩（カ）

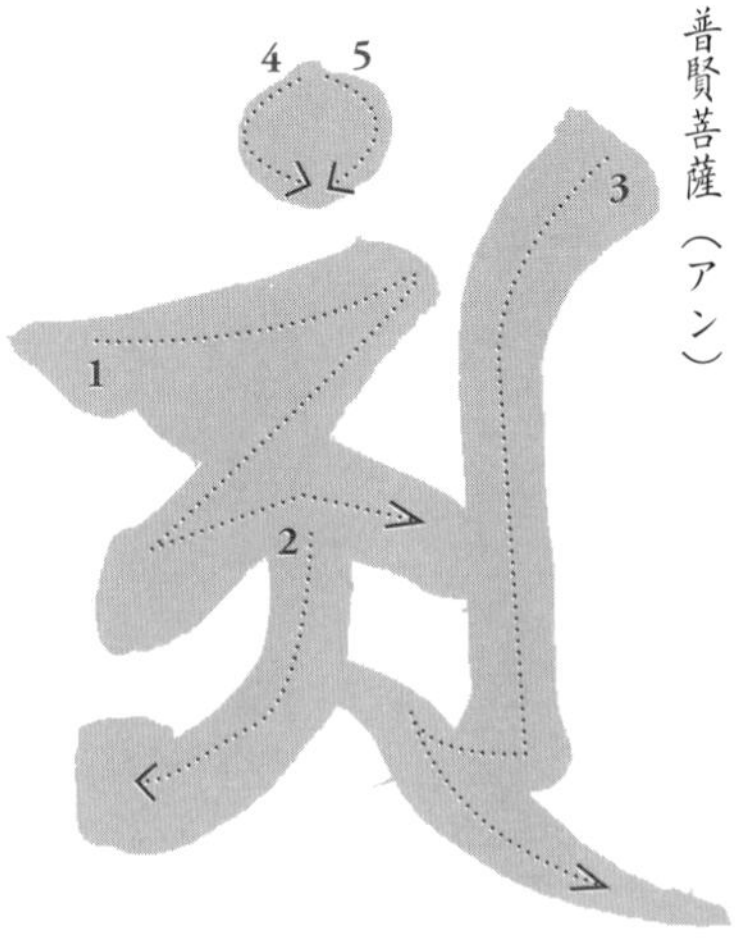

普賢菩薩（アン）

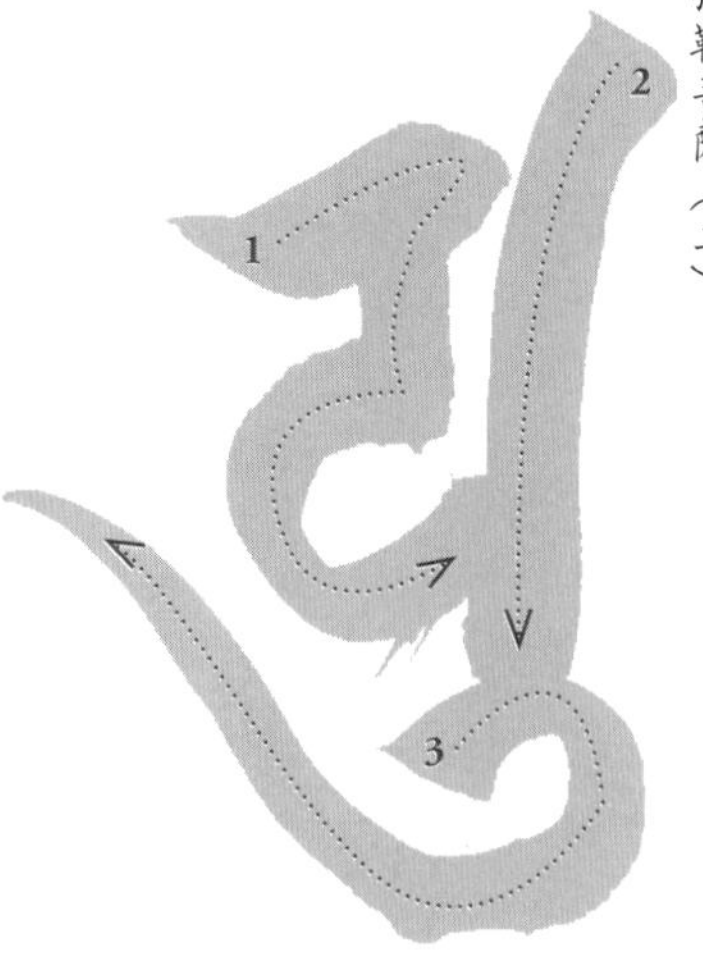

弥勒菩薩（ユ）

＊数字は書き順を表す

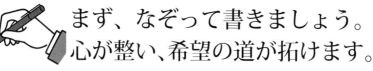

ご真言…オン・サンヤマ・サトバン

⑪ 地蔵王菩薩：大地を守る菩薩で、日本では、この菩薩を祀る地域は道祖神と集合し、過去に水害があった場所や、五穀豊穣などあらゆる目的で信仰されている。もともとは古代インド神話の冥界神ヤマがルーツで閻魔大王の化身でもある。

ご利益…子宝・育児・病気平癒・身代わり・延命・水子供養・五穀豊穣

梵名…クシティガルバ

種子…カ

ご真言…オン・カカカ・ビサンマエイ・ソワカ

⑫ 弥勒菩薩：弥勒菩薩は現在、兜率天で説法を行い、新しい時代の救世主といわれる菩薩で、弥勒菩薩の化身とされる僧侶が十世紀ごろ中国に実在し、その僧侶が生活に必要なものを大きな袋に入れていたため布袋和尚と呼ばれ、布袋像を弥勒菩薩と呼ぶ寺院があるのはそのためである。

ご利益…未来の救済・悪縁断ち

梵名…マイトレイヤ

⑬観音菩薩・⑭勢至菩薩・⑮虚空蔵菩薩

まず、なぞって書きましょう。
心が整い、希望の道が拓けます。

千手観音菩薩（キリク）

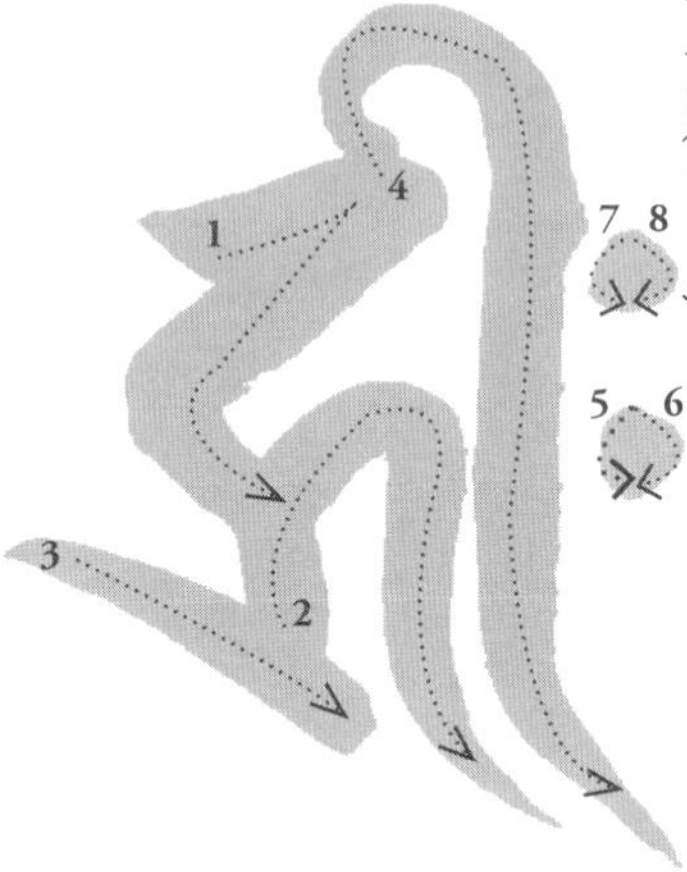

勢至菩薩（サク）

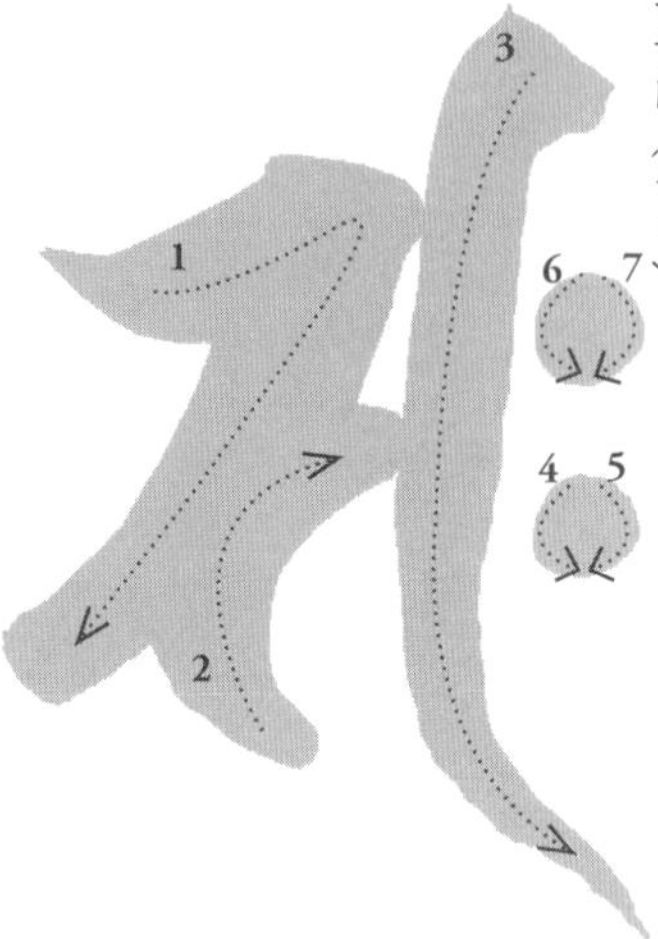

十一面観音菩薩（カ）

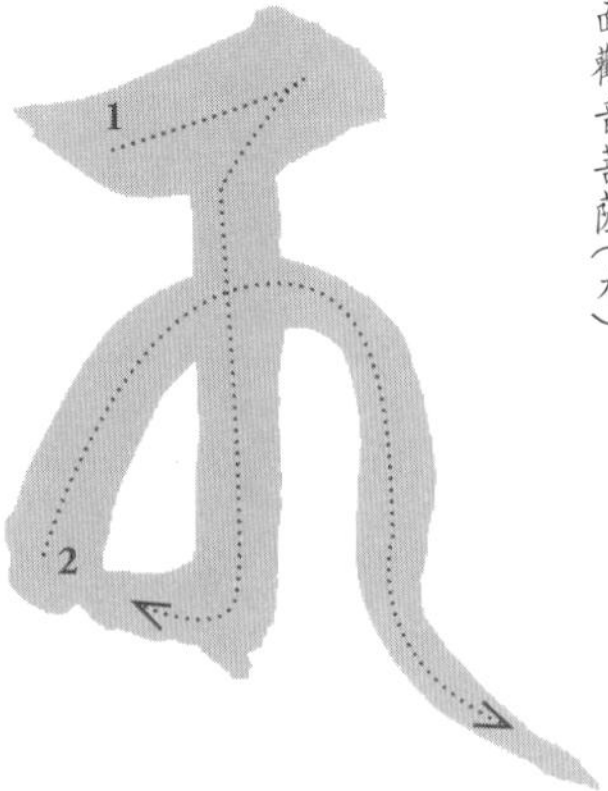

虚空蔵菩薩（タラク）

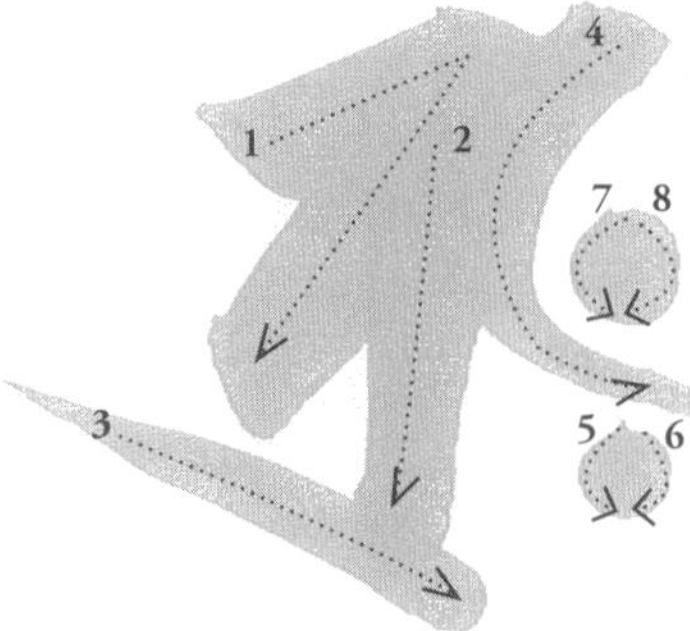

＊数字は書き順を表す

種子…ユ

ご真言…オン・マイタレイヤ・ソワカ

⑬観音菩薩：観音菩薩は救うべき者の前にあらゆる姿や形を変えて現れ救済するという。

主に不空羂索観音菩薩、馬頭観音菩薩、千手観音菩薩、十一面観音菩薩や三十三応現身《さんじゅうさんおうげんしん》（比丘尼身《びくにしん》・波羅門身《ばらもんしん》・優婆塞身《うばそくしん》など）に変化して救済するという。

ご利益

・**千手観音菩薩**…病気平癒、現世利益、延命、悟りの境地に導く、餓鬼道で苦しむ者を救う

・**十一面観音菩薩**…病気平癒、現世利益、延命、阿修羅道で苦しむ者を救う

梵名…アーリヤ・アバロキテーシュヴァラ

種子…サ

ご真言…オン・アロリキヤ・ソワカ

⑭勢至菩薩《せいしぼさつ》：勢至菩薩は阿弥陀如来の極楽浄土に属する菩薩で「智慧の光で世界のすべてを照らし、偉大な威力を獲得した者」という意味で「ひと踏みで、三千世界や大魔王の宮殿を揺るがす」という。

⑯ 妙見菩薩

まず、なぞって書きましょう。
心が整い、希望の道が拓けます。

妙見菩薩（ソ）

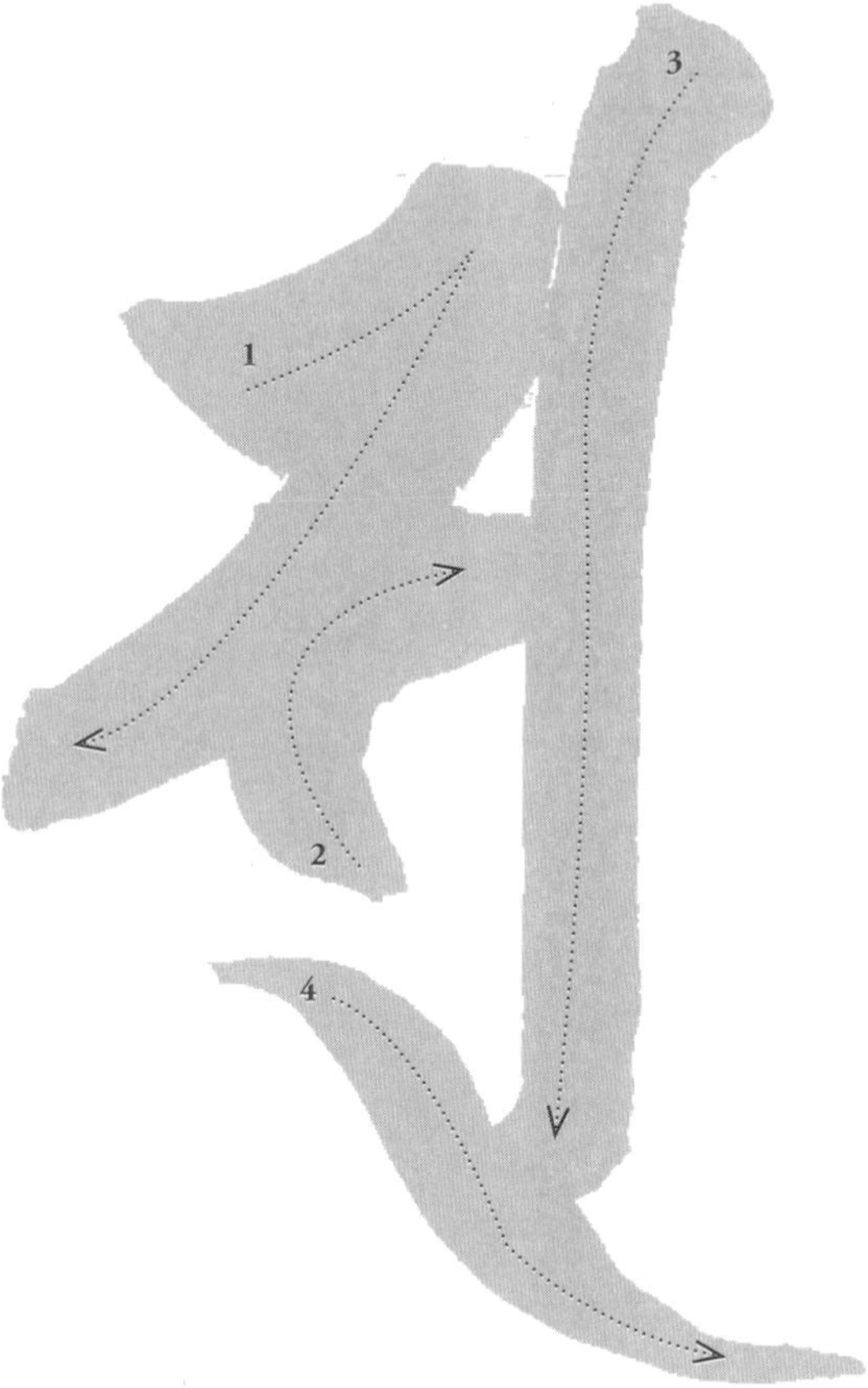

＊数字は書き順を表す

ご利益…家内安全・除災招福・延命・滅罪・長寿
梵名…マハーストハーマプラープタ
種子…サク
ご真言…オン・サンザンザンサク・ソワカ

⑮虚空蔵菩薩《こくうぞうぼさつ》：何も妨げることのない「虚空」を意味し、そこに収まる宝物と智慧を持って人々と救う菩薩である。また金星はこの菩薩の化身・象徴ともされている。
ご利益…ご利益：聡明・叡智・社会的成功・技芸
梵名…アーカーシャガルハ
種子…タラク
ご真言…オン・バザラ・アラタンノウ・オン・タラク・ソワカ

⑯妙見菩薩：妙見菩薩とは、不動の星であることから中国では天帝とされた北極星（北辰）の神で妙見尊星王などとも呼び、北斗七星に尊星、帝星を二つ加えた九星でも登場し森羅万象を司るとされている。別名、眞武大帝、傳星、金闕化身、妙見尊星王、北辰妙見とも呼ばれる。

⑰不動明王・⑱降三世明王・⑲軍荼利明王・⑳大威徳明王

まず、なぞって書きましょう。
心が整い、希望の道が拓けます。

不動明王（カン）

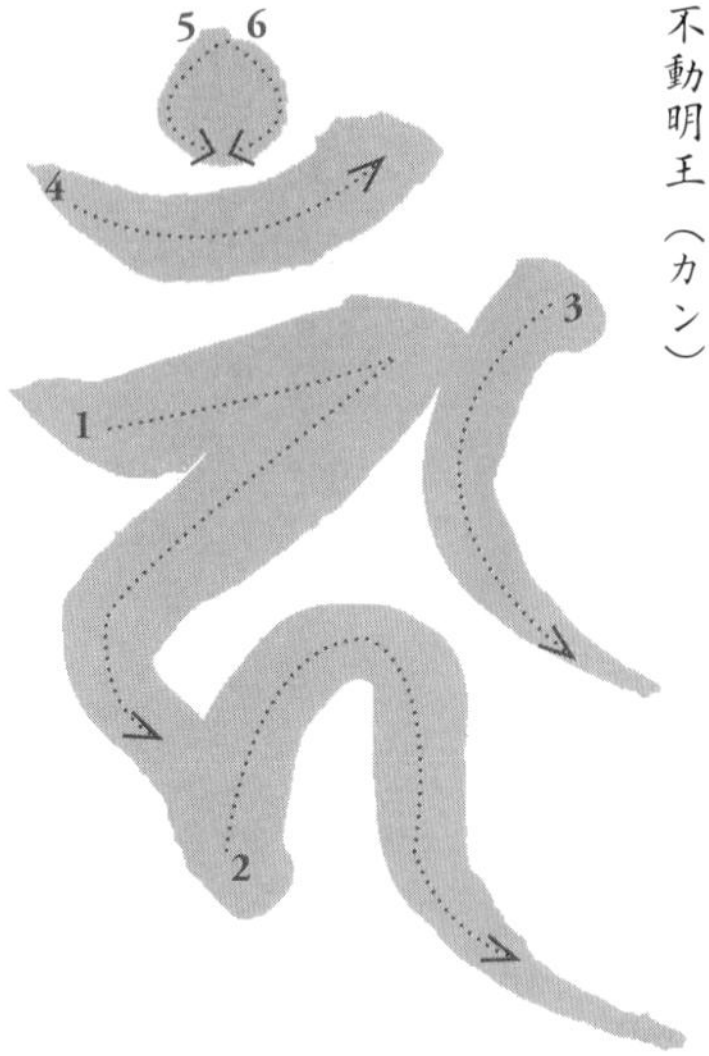

降三世明王（ウン）

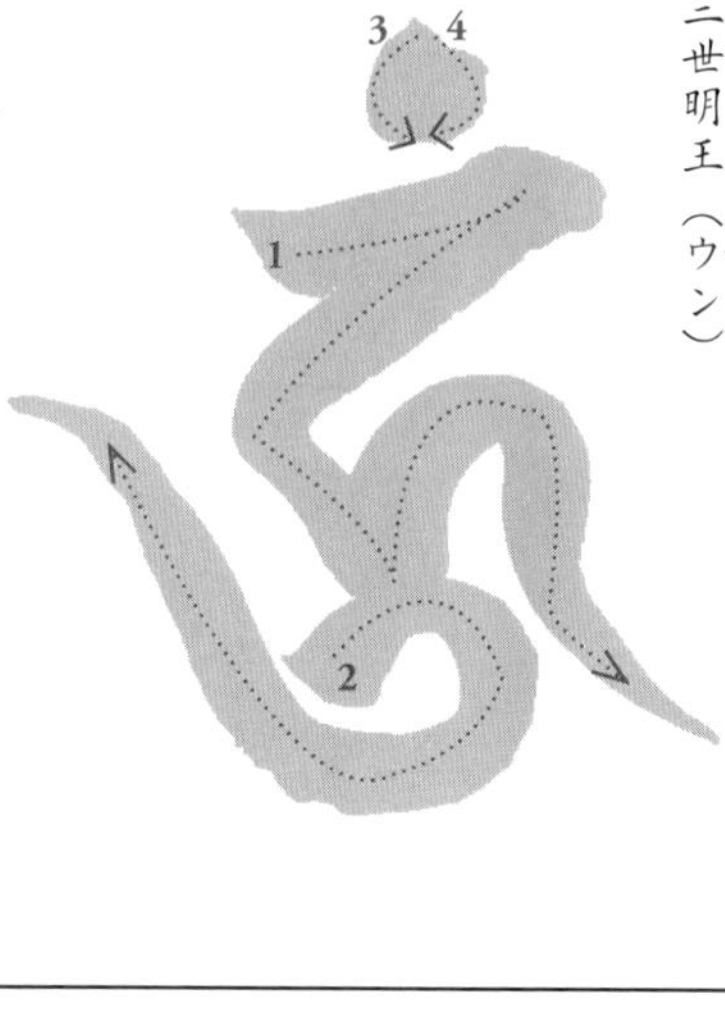

軍荼利明王（ウン）

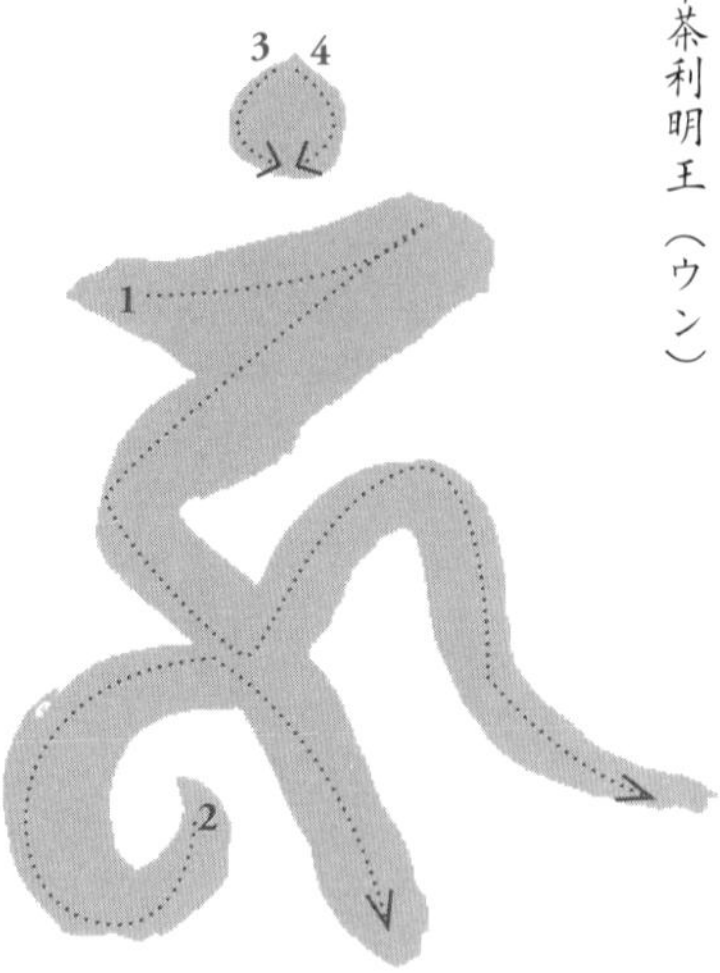

大威徳明王（キリク）

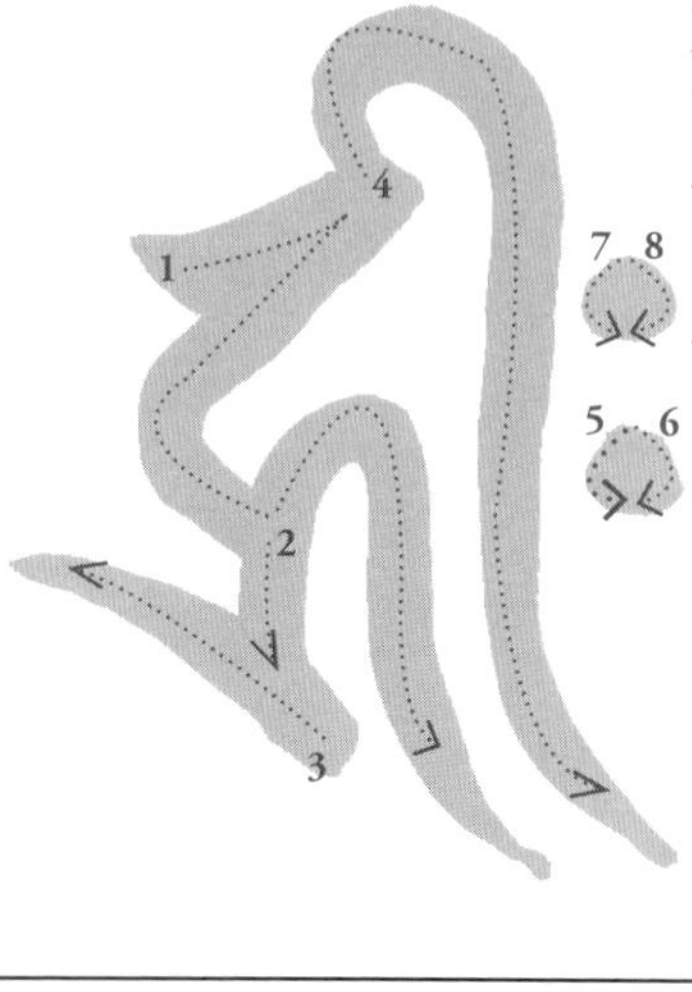

＊数字は書き順を表す

ご利益…国土安寧・立身出世・財宝充満・家業隆盛・災厄を防ぐ・厄除け・方位避け・災難避け・洞察力・眼の病
梵名…スドリシュティ
種子…ソ
ご真言…オン・ソチリシュタ・ソワカ

◇明王：憤怒の形相であらゆる魔物や外敵から護る明王

⑰**不動明王**：古代インド神話における破壊の神とされるシヴァがルーツで、道教では天軍の総大将で五營將軍（哪吒太子・二郎神・趙元帥・康元帥・雷公）の主將の哪吒太子で、仏教では大自在天、密教に取り入れられて大日如来、不動な明王、十二天の一つとなり、別名、摩醯首羅天《まけいしゅらてん》ともいう。日本神話では大國主命、ギリシャ神話では牛泥棒ヘルメスと同魂である。
ご利益…煩悩の消滅・勝負必勝・商売繁盛・立身出世・降魔消災
梵名…アチャラナータ
種子…カン

ご真言…ノウマク・サマンダ・バザラナン・カン

⑱ 降三世明王《こうざんぜみょうおう》

：降伏すなわち、魔を屈服させる・欲、色、無色の三界や過去、現在、未来の三世の敵や痴、瞋《しん》、貪の迷いを断ち切る明王で仏法の教えに従わないとされる外敵の最高神である大自在天と妻の烏摩《うま》を踏みつけている。

ご利益…貪欲・瞋恚《しんい》（怒りや憎しみ）・愚痴の三大煩悩を断ち切る・悪人調伏・あらゆる障害を取り除く

梵名…トロイローキャ・ヴァジュラ

種子…ウン

ご真言…オン・ソンバ・ニソンバ・ウン・バザラ・ウンパッタ

⑲ 軍荼利《ぐんだり》明王《みょうおう》

：五大明王の南方を鎮護する明王で妖魔・悪鬼の類を退き、善人を邪魔する者から護り、さまざまな障害を取り除くという。

ご利益…魔を畏怖させる・あらゆる障害を取り除く

梵名…クンダリー

種子…ウン

ご真言…オン・アミリティ・ウン・パッタ

⑳ **大威徳明王**《だいいとくみょうおう》：五大明王の一角で西方を鎮護する明王で阿弥陀如来の教令転身であり、六面六臂六足の姿で水牛にまたがる姿で現れる。

ご利益…怨敵調伏・敵を打ち砕く・呪詛を解く・戦勝

梵名…ヤマーンタカ

種子…キリク

ご真言…オン・シュチリ・キャロラハ・ウンケン・ソワカ

㉑ **金剛夜叉明王**：五大明王の一角で北方を鎮護し、不空成就如来の教令転身であり、古代インド神話のインドラの持つ武器で稲妻のような超強力な兵器である金剛杵《こんごうしょ》（ヴァジュラ）を持って煩悩を鎮め、悪行を調伏し食らい尽くすという意味である。

ご利益…調伏・無病息災・煩悩を食い尽くす・悪人粛清・食欲が旺盛になる

梵名…バジラヤキシャ

種子…ウン

ご真言…オン・バザラヤキシャ・ウン

㉑金剛夜叉明王・㉒愛染明王・㉓烏枢沙摩明王・㉔孔雀明王

まず、なぞって書きましょう。
心が整い、希望の道が拓けます。

金剛夜叉明王（ウン）

烏枢沙摩明王（ウン）

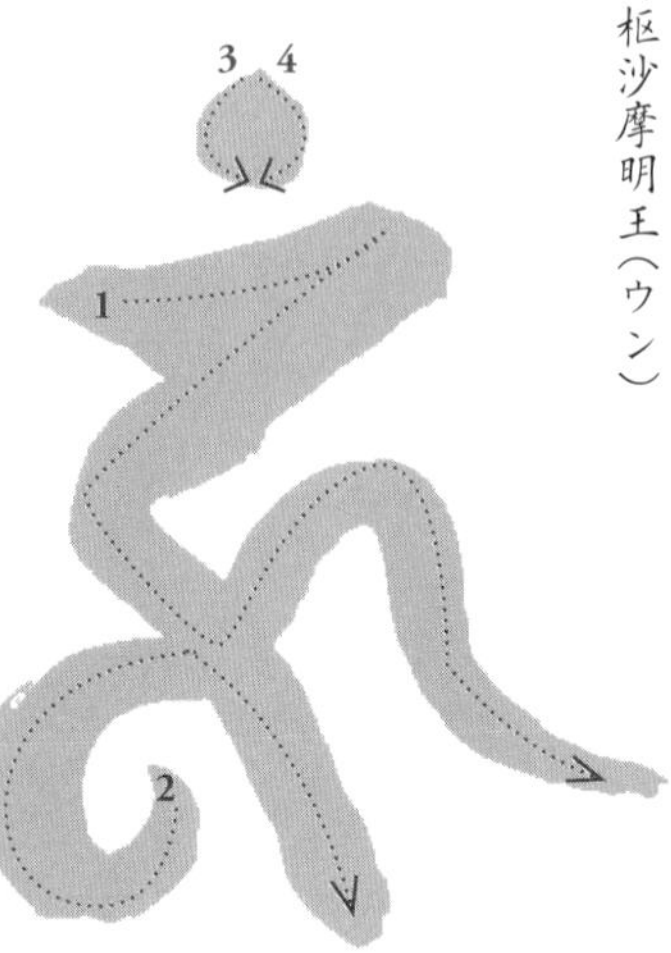

愛染明王（ウン）

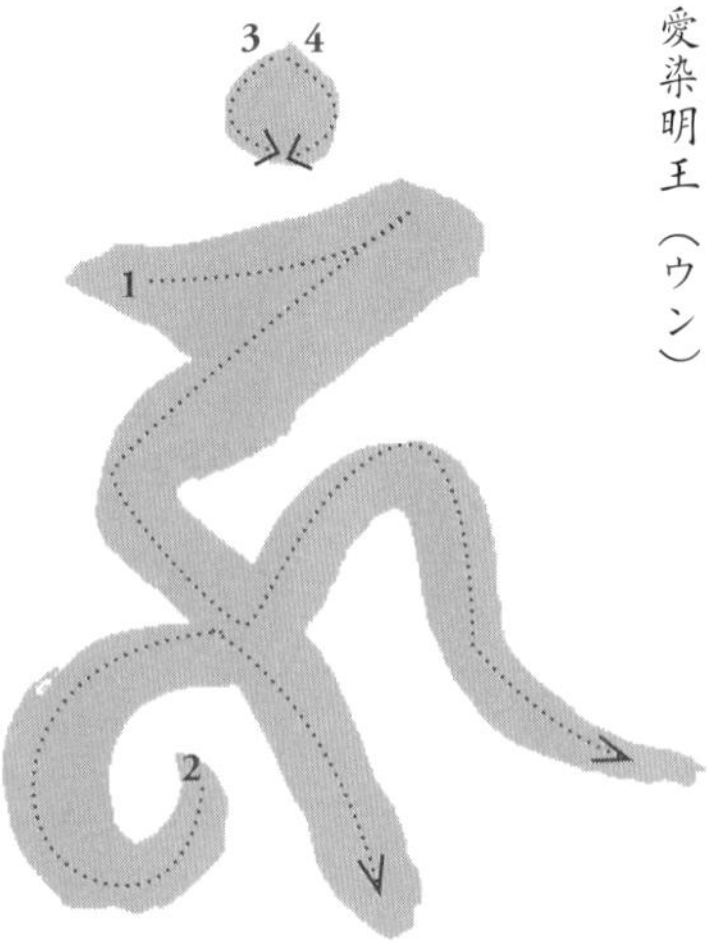

孔雀明王（マ）

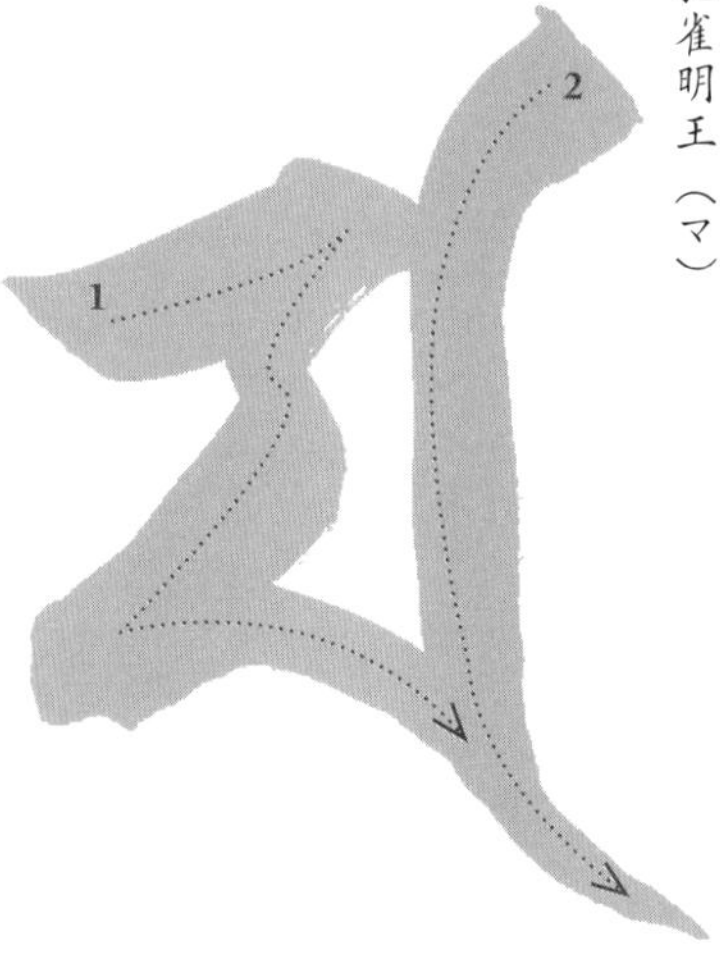

＊数字は書き順を表す

㉒愛染明王：愛染明王の赤色の肌は愛欲煩悩の色とされるもので、煩悩即菩提（煩悩を捨てずに仏の悟りに変える）の明王である。縁結び、恋愛成就などに霊験があるとされている。

ご利益…煩悩を打ち砕く・菩提心の開花・敬愛・救済・男女和合・縁結び

梵名…ラーガラージャ

種子…ウン

ご真言…オン・マカラギャ・バゾロウシュニシャ・バザラサトバ・ジャク・ウン・バン・コク

㉓烏《う》枢《す》沙《さ》摩《ま》明《みょう》王《おう》：烏枢沙摩明王は不浄なものの一切を取り除き、穢れを祓うとして昔から便所に祀られてきた。また古木の精霊による災いを退け、毒蛇の毒害、悪鬼の祟りをも鎮めるとされている。

ご利益…浄化・祟り避け・逆恨み避け・恋愛・安産

梵名…ウスサマ

種子…ウン

ご真言…オン・シュリ・マリ・ママリ・マリシュシュリ・ソワカ

㉕ 大元帥明王

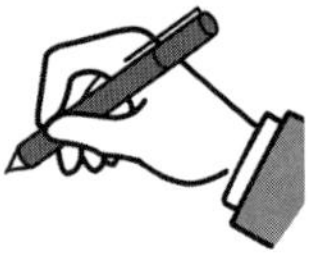

まず、なぞって書きましょう。
心が整い、希望の道が拓けます。

大元帥明王（ア）

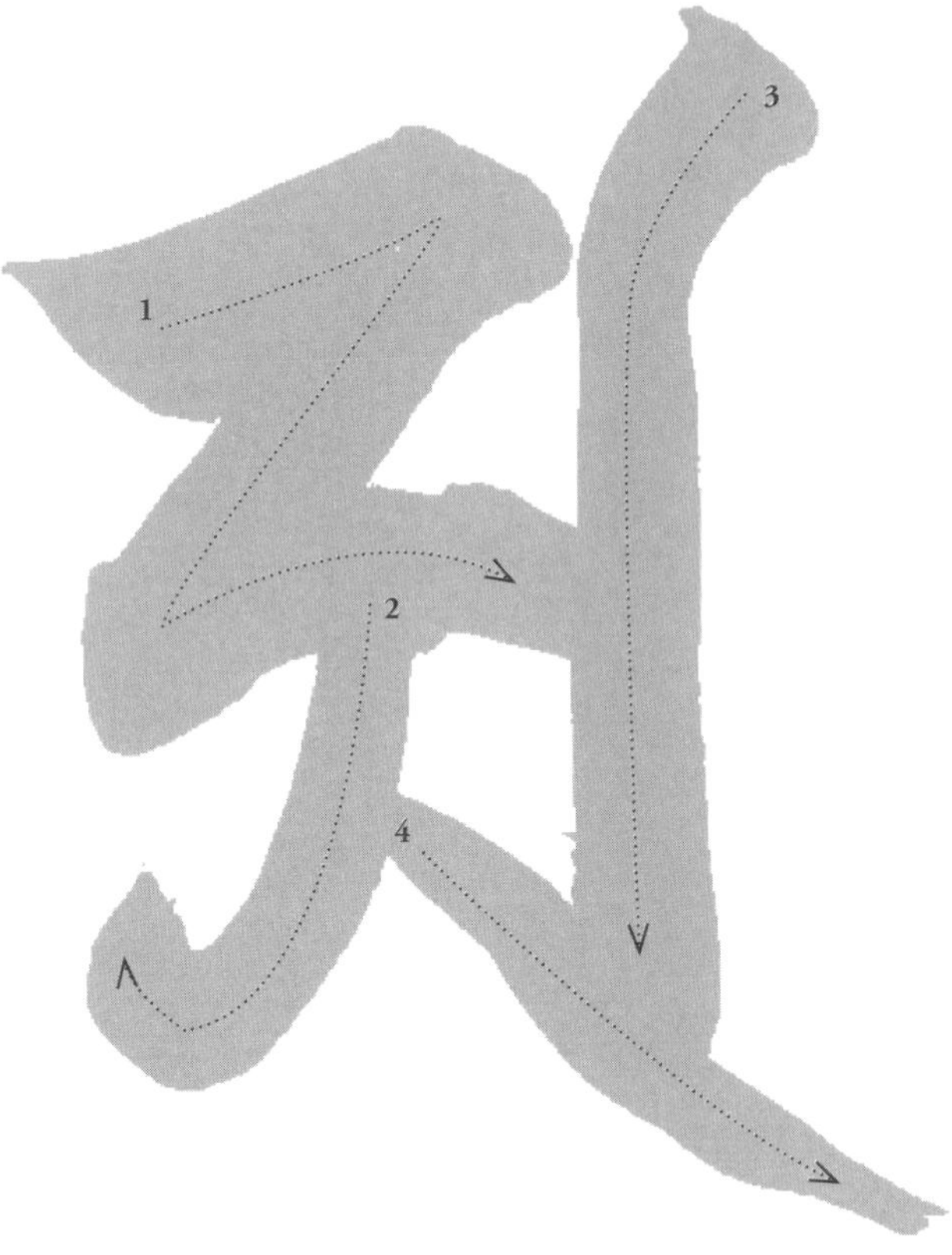

＊数字は書き順を表す

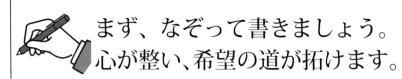

㉔ **孔雀明王**：古代インド神話の女神マハーマーユーリーで、毒蛇・毒虫を喰らい、恵みの雨で大地を潤す吉鳥として、人々の心の中の煩悩を食らい災いや苦悩を取り除くとされ信仰されている。

ご利益…解毒・病気平癒・天変地異鎮め・祈雨・若返り・延命

梵名…マハーマーユリー・ヴィドヤー・ラージュニー

種子…マ

ご真言…オン・マユラ・キランデイ・ソワカ

㉕ **大元帥明王**：大元帥明王は大日如来・釈迦如来・観音菩薩の化身とする説もあり、怨敵調伏の明王として信仰されてきたが、国家規模で怨敵調伏の祈願にも用いられている。

ご利益…怨敵調伏・鎮護国家・外敵降伏

梵名…アータヴァカ

種子…ア

ご真言…ノウボ・タリツ・タボリツ・パラバリツ・シャキンメイ・シャキンメイ・タララサンタン・オエンビ・ソワカ

㉖梵天・㉗帝釈天・㉘大黒天・㉙弁財天

まず、なぞって書きましょう。
心が整い、希望の道が拓けます。

梵天（ボラ）

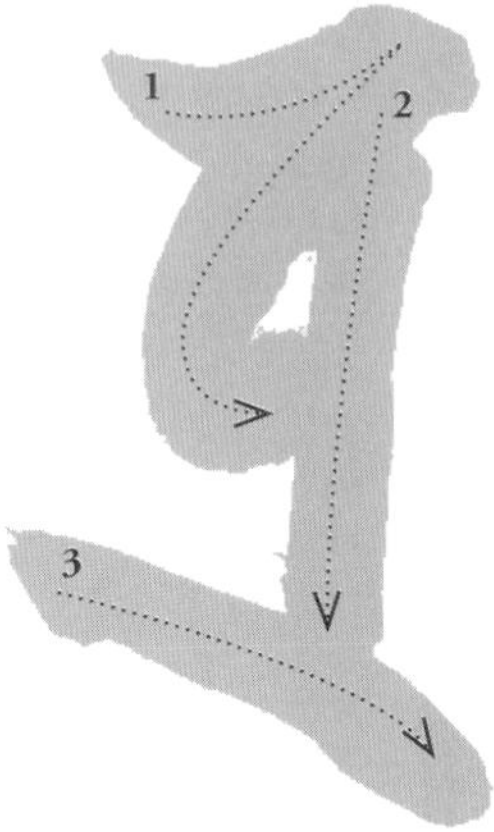

大黒天（マ）

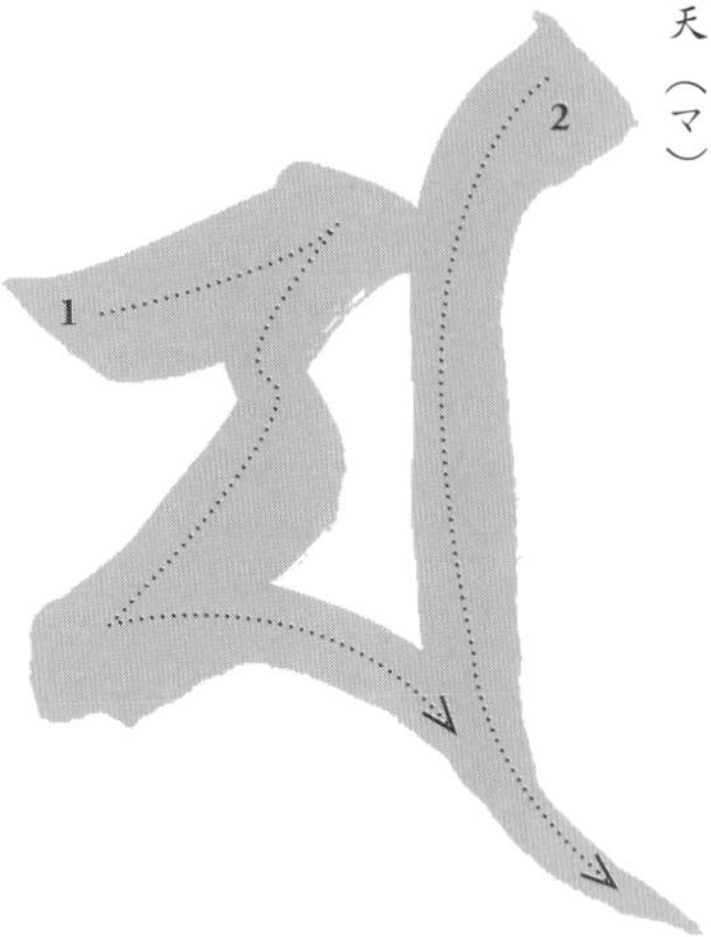

帝釈天（イー）

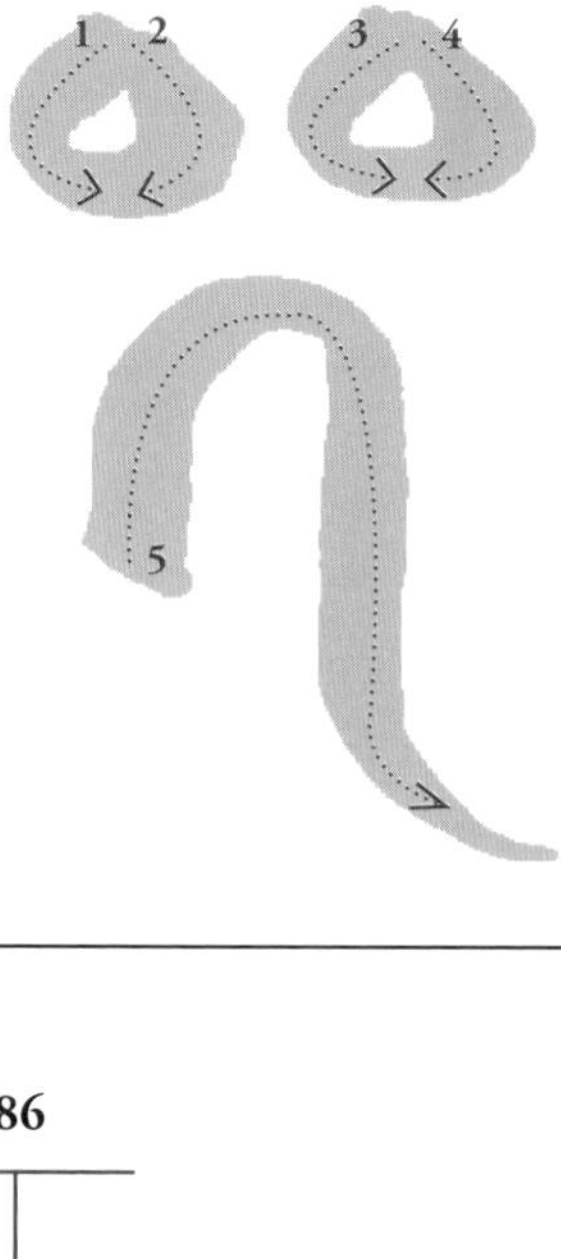

弁財天（ソ）

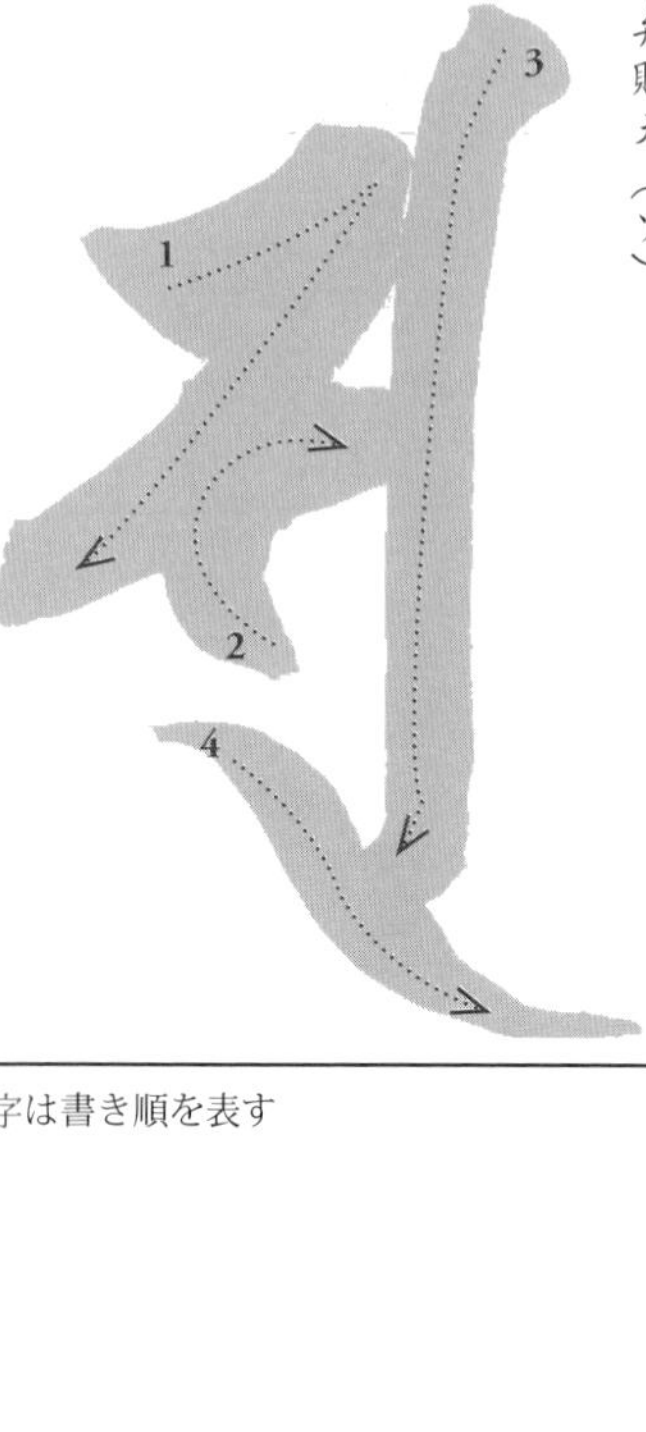

＊数字は書き順を表す

◇**天部**：仏法を守り仏菩薩を補佐する神

㉖**梵天**：古代インド神話のブラフマーがルーツであり四面四臂の宇宙の創造主で、バラモン教の破壊神シヴァ・維持神ヴィシュヌとともに古代インド神話の三大神の一つとされる。仏教に取り入れられてからは天部中の上位でさまざまな形態に変化する超兵器ブラフマーストラを保有していて、インドラが悪龍ヴリトラを退治した際の金剛杵（ヴァジュラ）はブラフマーのブラフマーストラが源流だとされる。

ご利益…創造・護法・鎮護国家・立身出世・恋愛成就・健康・財運

梵名…ブラクマー

種子…ボラ

ご真言…オン・ボラカンマネイ・ソワカ

㉗**帝釈天**：帝釈天とは古代インド神話のインドラであり、阿修羅の娘を略奪し戦いを繰り広げる。また悪龍ヴリトラを退治するために梵天より超兵器を賜り、退治に成功する。

ご利益…金銭に困らない・勝負必勝・豊穣・国家安寧・治水

梵名…インドラ

種子…イー

ご真言…オン・インダラヤソワカ

㉘ **大黒天**：大黒とは「大いなる黒きもの」を意味するが、ヒンドゥー教では破壊神シヴァの別名である。日本では大國主命、七福神の一角で豊穣・招福・除災などに霊験があるとされる。

ご利益…商売繁盛・豊穣・戦勝・除災

梵名…マハーカーラ

種子…マ

ご真言…オン・マカキャラヤ・ソワカ

㉙ **弁財天**：古代インド神話のサラスヴァティがルーツで、道教では歳徳神と同魂で弁達・学術・音楽などの女神として信仰される七福神の紅一点である。

ご利益…知恵・財宝・延命・芸能・蓄財・風雨避け

梵名…サラスヴァティ

種子…ソ

ご真言…オン・ソラソバテイエイ・ソワカ

㉚ 摩利支天《まりしてん》：陽炎の神格化で、もともとは道教の斗姆元君が仏教の摩利支天と習合したとされ、また北斗七星の母でもあり、三面六臂や二臂や八臂の姿もあり、武将の必勝祈願の神として信仰される。

ご利益…戦勝・消災・福徳・隠形

梵名…マリチ

種子…マ

ご真言…オン・マリシエイ・ソワカ

㉛ 迦楼羅天《かるらてん》：古代インド神話のガルダがルーツで、この神は毒蛇を喰らい、翼を広げると三三六万里にも達するとされ、鳳凰のように美しい姿であることで金翅鳥とも呼ばれ、妖魔や邪鬼を避ける力があると信じられている。道教では三十六雷または玄天上帝の眷属の雷公と同魂である。

ご利益…雷電風雨を避ける・奇病を解く・延命・解毒・除災・困難を打破・招福・邪心や偽りを見抜く・万倍返し・逆転させる

㉚摩利支天・㉛迦楼羅天・㉜持国天・㉝増長天

まず、なぞって書きましょう。
心が整い、希望の道が拓けます。

摩利支天（マ）

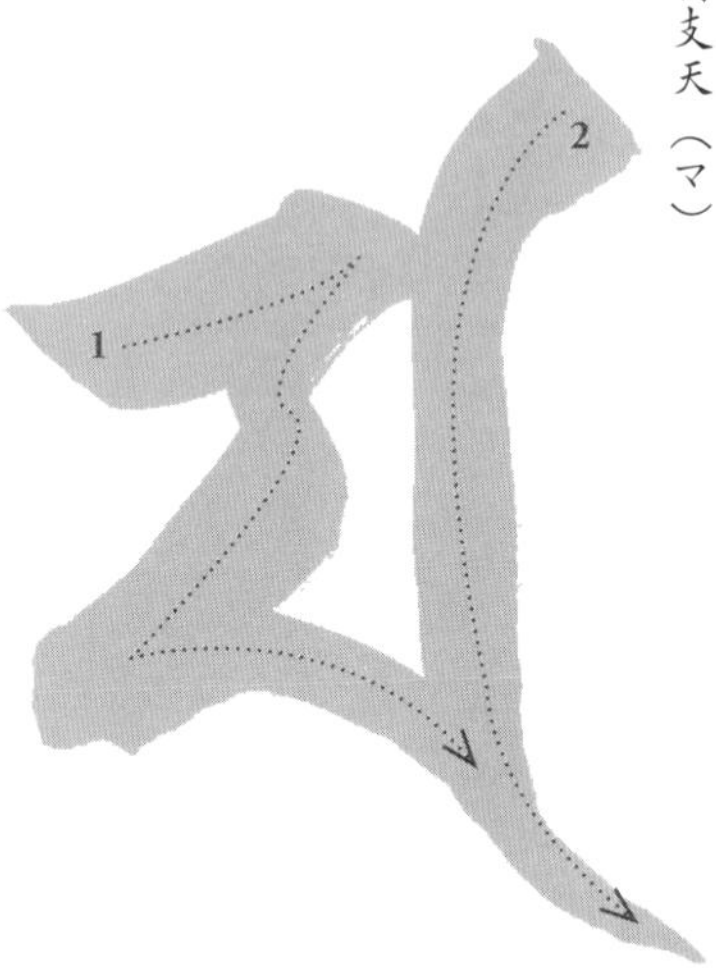

迦楼羅天（ガ）

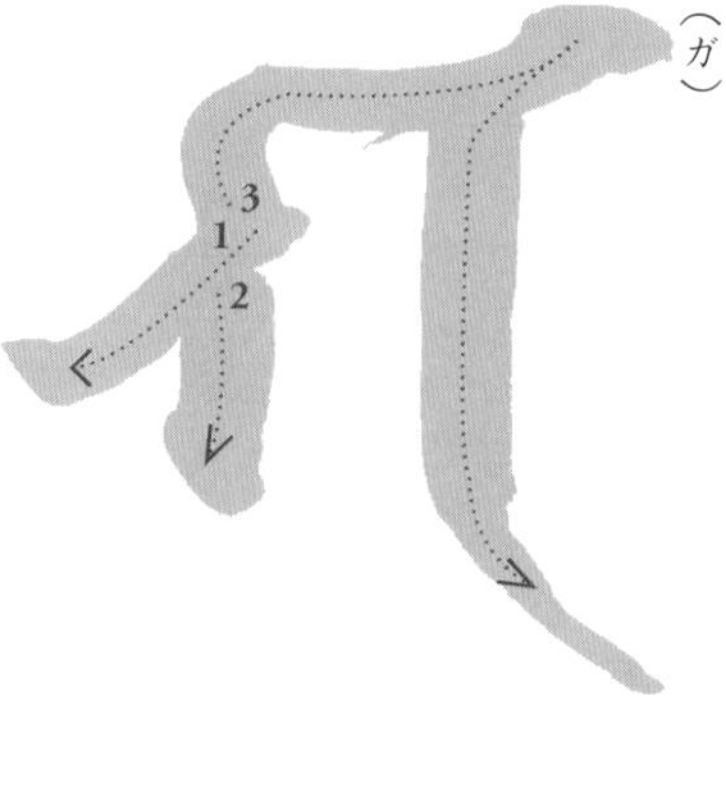

持国天（ジリ）

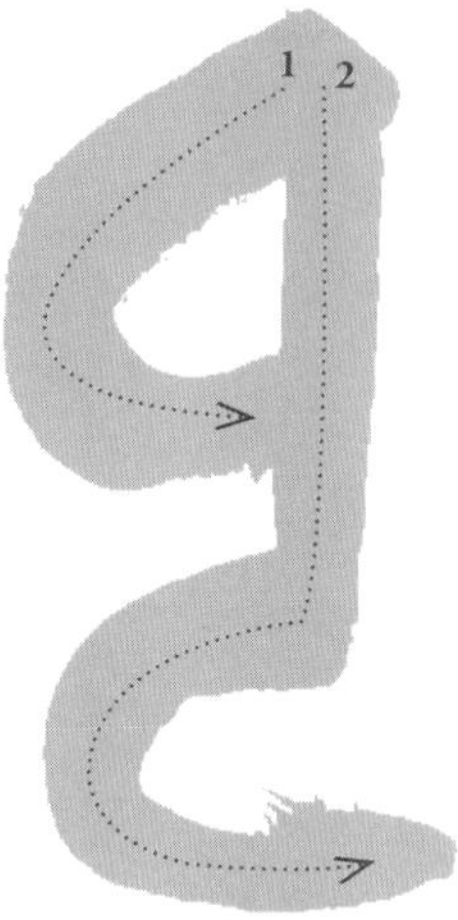

増長天（ビ）

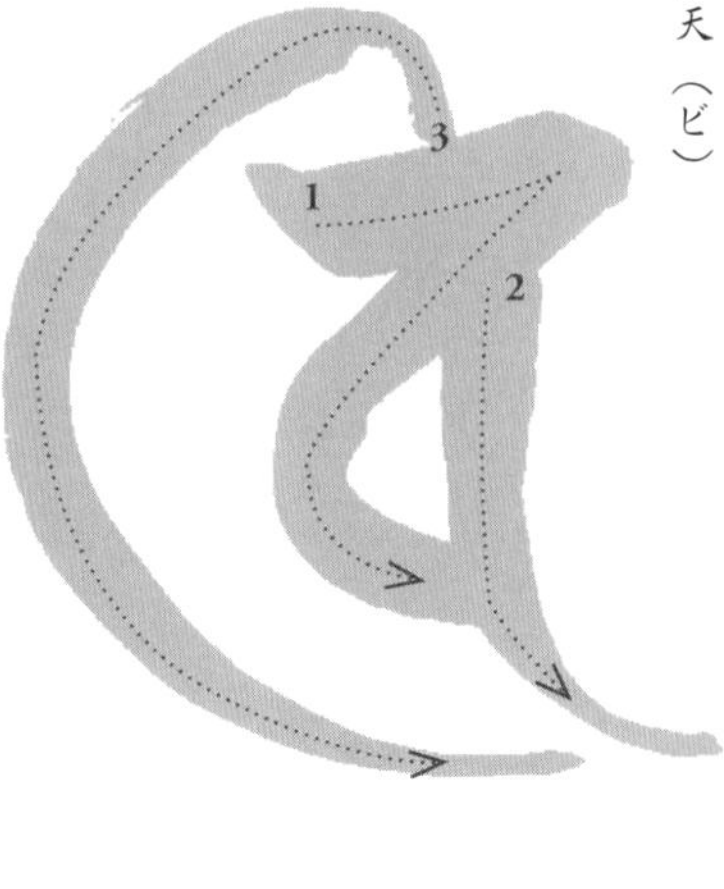

＊数字は書き順を表す

梵名…ガルダ
種子…ガ
ご真言…オン・ガルダヤ・ソワカ

㉜持国天《じこくてん》：持国天とは須弥山の四方も護る神々で、密教に取り入れられてからは四天王の一角で東方を守護する持国天。ドウリタラーシュトラとは持国・治国する者という意味で、鎮護国家などの靈験があるとされる。
ご利益…鎮護国家・護法・強健
梵名…ドウリタラーシュトラ
種子…ヂリ
ご真言…オン・ヂリタラシュタラ・ララ・ハラバダナウ・ソワカ

㉝増長天《ぞうちょうてん》：増長天とは須弥山の四方も護る神々で、密教に取り入れられてからは四天王の一角で南方を守護する増長天。鬼神を統率し国家安寧や五穀豊穣に靈験があるとされる。
ご利益…鎮護国家・五穀豊穣・強健

㉞廣目天・㉟毘沙門天・㊱吉祥天・㊲難田龍王

まず、なぞって書きましょう。
心が整い、希望の道が拓けます。

廣目天（ビ）

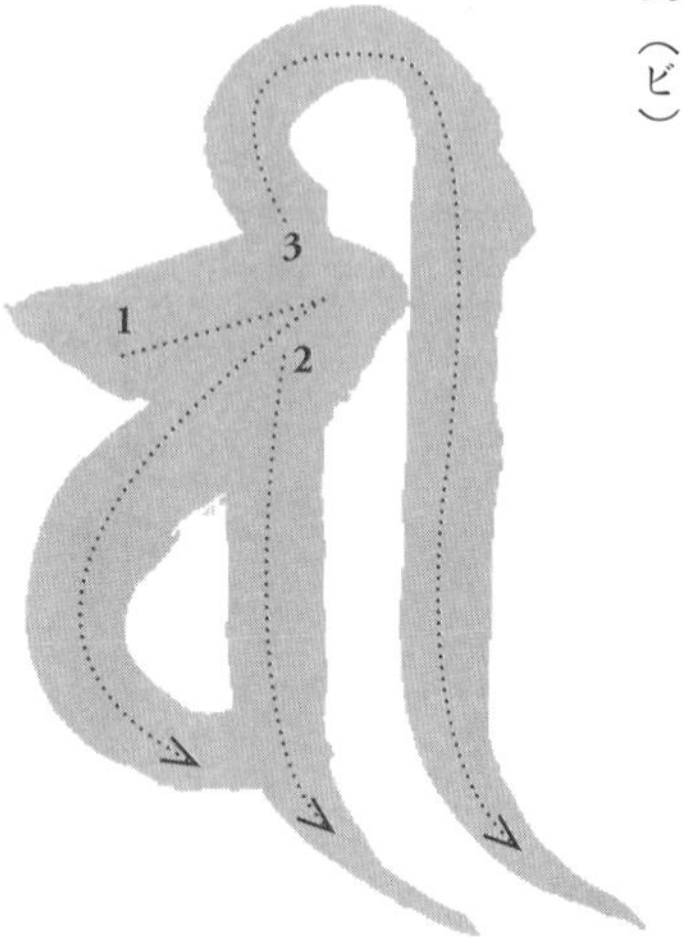

吉祥天（シリー）

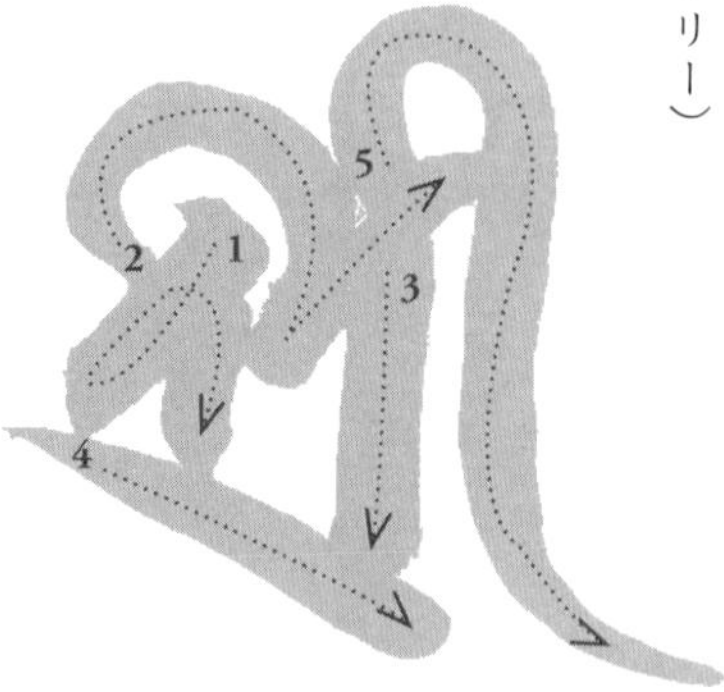

毘沙門天（ベイ）

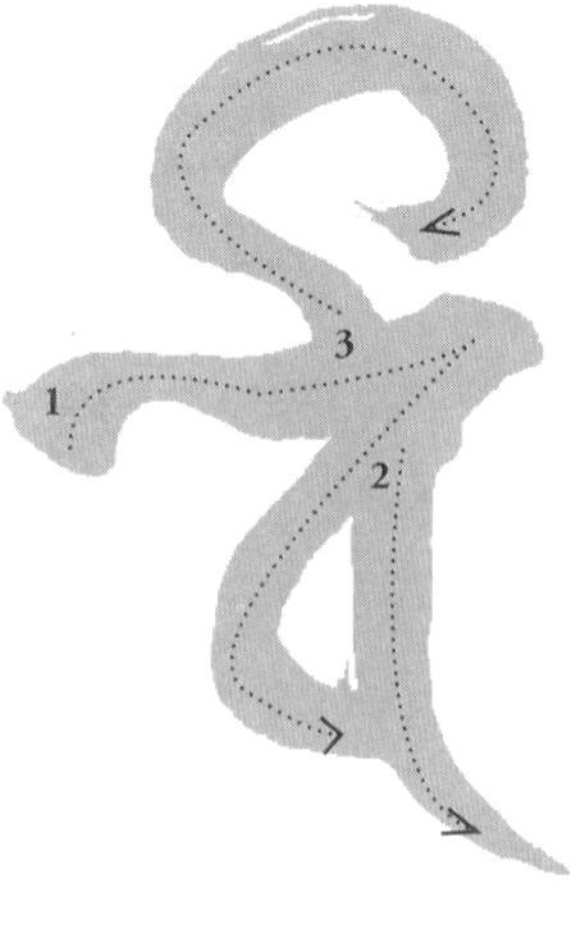

難田龍王（ナ）

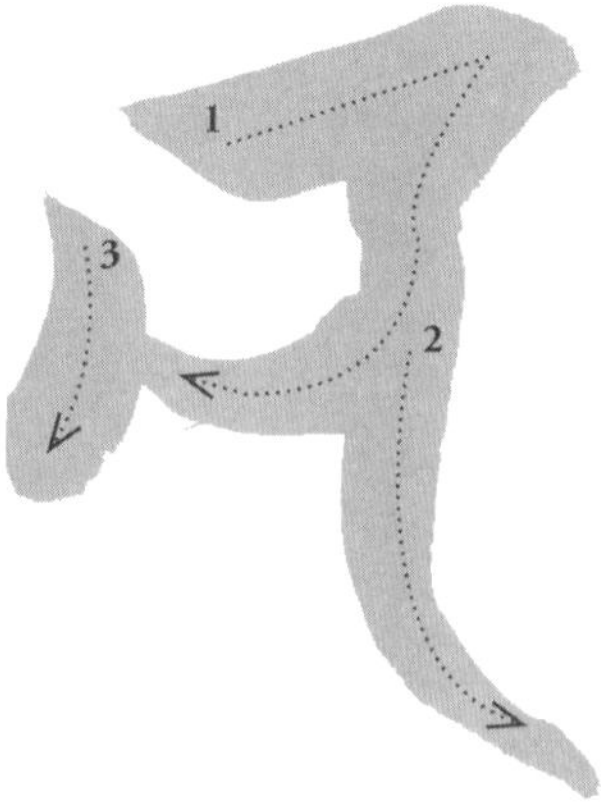

＊数字は書き順を表す

梵名…ヴィルーダカ
種子…ビ
ご真言…オン・ビロダギャ・ヤキシャヂハタエイ・ソワカ

㉞廣目天《こうもくてん》：廣目天とは須弥山の四方も護る神々で、密教に取り入れられてからは四天王の一角で西方を守護する廣目天。梵語の「ヴィルーパークシャ」はさまざまな眼・特殊な眼という意味を持ち、そこから「特殊な力の眼を持つ者」として廣目天という名がついたという。
ご利益…先見の明・神通力・正義・雨降らし・強健
梵名…ヴィルーパークシャ
種子…ビ
ご真言…オン・ビロバクシャノウギャ・ヂハタエイ・ソワカ

㉟毘沙門天：毘沙門天とは四天王の一角で梵語の「ヴァイシュラヴァナ」は釈迦の説法をよく聞く者という意味から別名、多聞天とも呼ばれる。戦国時代には武田信玄や上杉謙信などの武将が戦勝祈願で信仰し、軍旗に「毘」の字を用いたのだという。道教の哪吒太

子の父でもあり、宝塔などを持つことから「李靖托塔天王《りせいたくとうてんのう》」という名で玉皇の側近の武神としても信仰されている。

ご利益…戦勝・勝負必勝・財徳・請願成就・護身・武芸・強健

梵名…ヴァイシュラヴァナ

種子…ベイ

ご真言…オン・ベイシラマンダヤ・ソワカ

㊱ 吉祥天：吉祥天とは毘沙門天の妻で、もともとは古代インド神話の女神ラクシュミーがルーツで、維持神ヴィシュヌの妃で多くの福徳をもたらすという。仏教に取り入れられても自身の美しさから美を司るとして信仰されている。

ご利益…天下泰平・五穀豊穣・福徳・円満・平和

梵名…ラクシュミー

種子…シリー

ご真言…オン・マカシリヤエイ・ソワカ

㊲難《なん》陀《だ》 龍《りゅう》王《おう》：龍は古来インド神話における蛇の神格化で、その龍をたばねるのが龍王で、難陀竜王は八大龍王の筆頭でもある。千手観音の眷属であり、二十八部衆にも名を連ねている。

ご利益…変幻自在・招福・雨乞い・豊穣

梵名…ナーガ

種子…ナ

ご真言…オン・ナンダ・バナンダ エイ・ソワカ

結界のはり方…マイパワースポットを創り出す！

結界とは、ある特定の場所へ不浄や災いを招かないために作られる境界のことで、邪気や穢れを取り除き〝聖域〟とするものです。

風水では特定のエリア（聖域）だけでなく、因縁や人間関係にまで及ぶとされ、悪縁や悪いコミュニケーションを断ち、良縁や招福につなげてくれます。

自ら風水の「氣」の込められた護符や梵字を描くことで結界を張り、悪氣をはね返すことで心が整い、パワースポット（聖域）と化すのです。

よりわかりやすくいえば、自らの力でパワースポットを創り出すといってもよいでしょう。

そして、自分のパワースポットにおいて運氣を高めていくようになります。

具体的には、他の護符や梵字と同様に簡易的な方法で、ポールペンや鉛筆で書いたり、指でなぞったりすることも有効です。

また、神棚や仏壇、仏像などがない人は、口を濯ぎ、手を洗って心を落ち着かせてから神様のお姿を心の中でイメージして、「玄靈高上帝速降臨急急如律令《げんれいこうじょうていそくこうりんきゅうきゅうにょりつれい》」と唱えましょう。

金剛界五仏結界（P98・P137）：下から時計回りに北方不空成就如来（アク）、東方阿閦如来（ウン）、南方宝生如来（タラク）、西方観自在王如来（キリク）、中央大日如来（バン）

ご利益…悟りを開く、物事を正確に判断できるようになる、癒しを与えてくれて、頭脳を使う業種、研究者、学者、指導員などに向いている

使用方法…風呂・手洗い・台所などの不浄な場所を除いた場所に貼る

五大明王結界（P99・P139）：下から時計回りに北方金剛夜叉明王（ウン）、東方降三世明王（ウン）、南方軍荼利明王（ウン）、西方大威徳明王（キリク）、中央不動明王（カン）

ご利益…試験合格、立身出世、自分から率先して願望を成就したい場合、営業職、スポーツ、体を動かす業種などに向いている

使用方法…風呂・手洗い・台所などの不浄な場所を除いた場所に貼る

四大天王結界（P100・P141）：下から時計回りに北方毘沙門天（ベイ）、東方持国天（ジリ）、南方増長天（ビ）、西方廣目天（ビ）

ご利益…家内安全、現状維持をしたい場合、スポーツ、体を動かす業種などに向いている

使用方法…風呂・手洗い・台所などの不浄な場所を除いた場所に貼る

まず、なぞって書きましょう。
あなたのパワースポットが生まれます。

［金剛界五仏結界］

南・宝生如来（タラク）

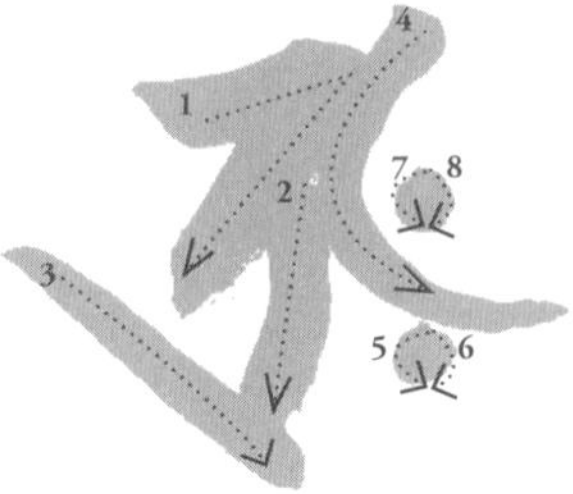

西・観自在王如来（キリク）

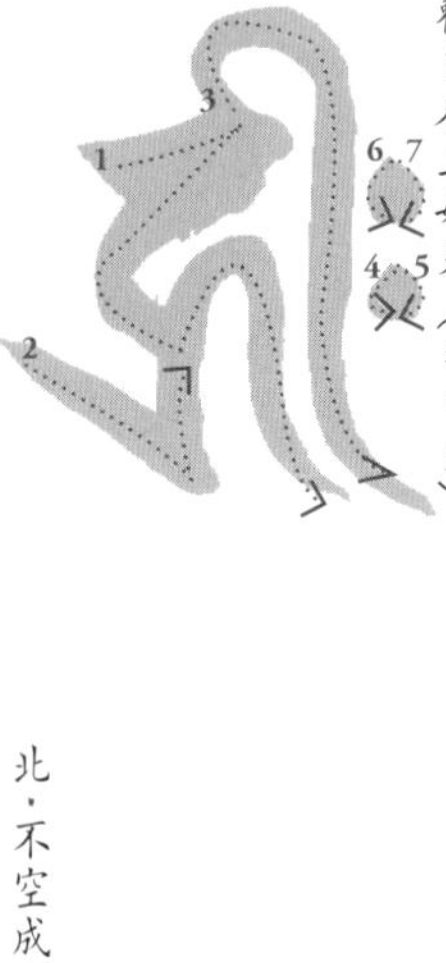

中央・大日如来（バン）

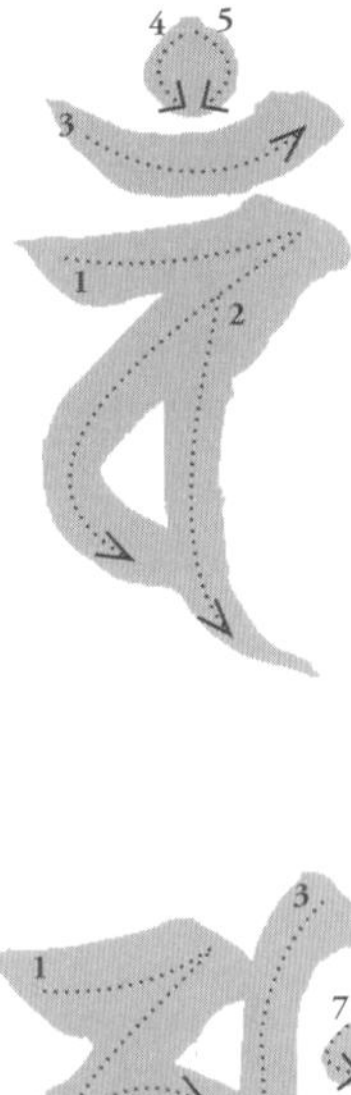

東・阿閦如来（ウン）

北・不空成就如来（アク）

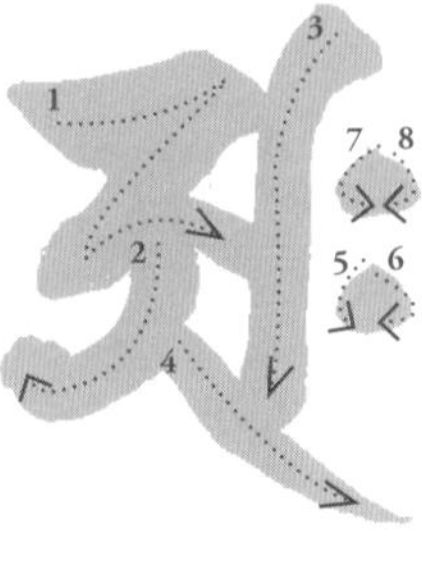

＊数字は書き順を表す

まず、なぞって書きましょう。
あなたのパワースポットが生まれます。

［五大明王結界］

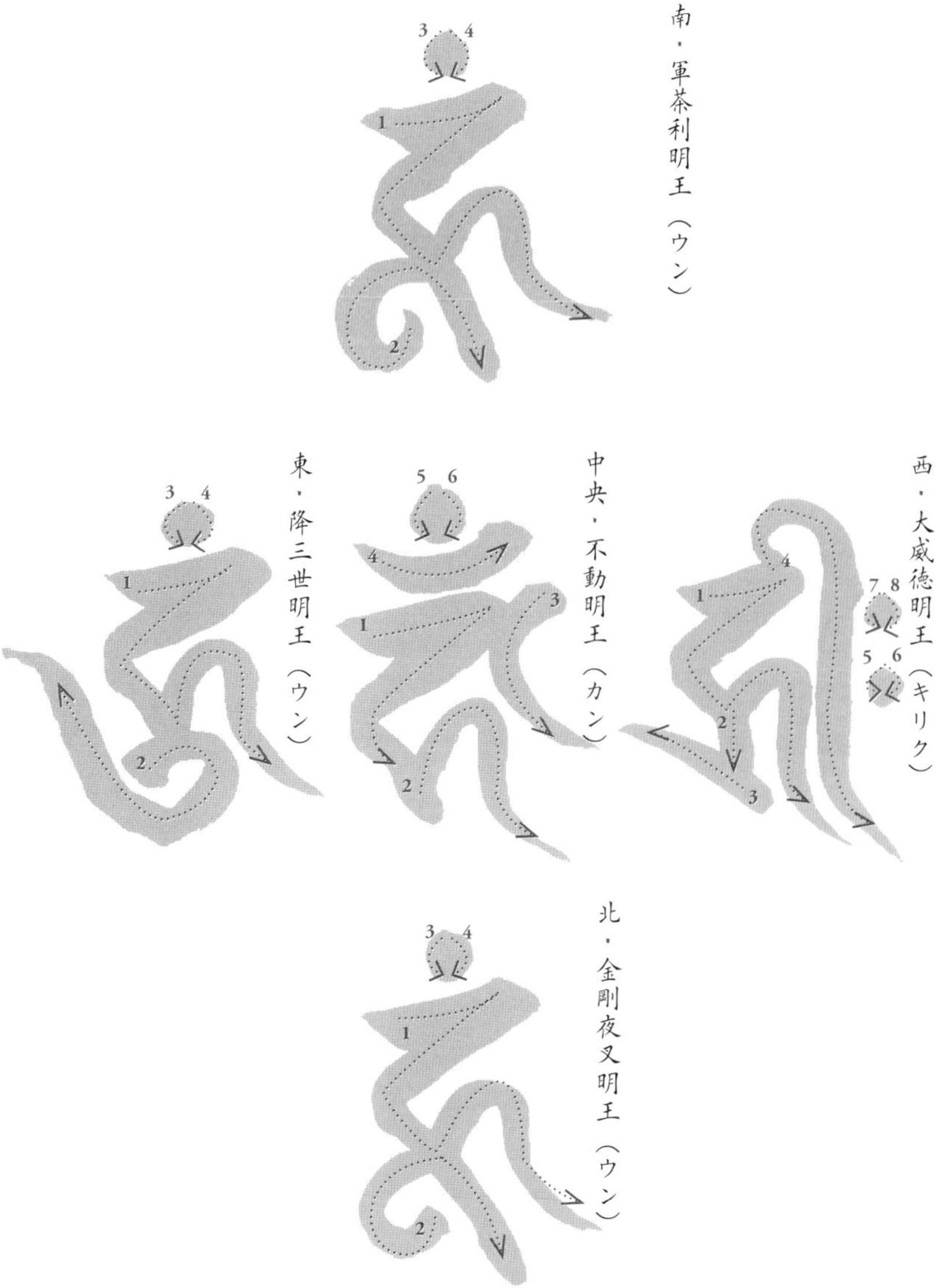

＊数字は書き順を表す

まず、なぞって書きましょう。
あなたのパワースポットが生まれます。

［四大天王結界］

南・増長天（ビ）

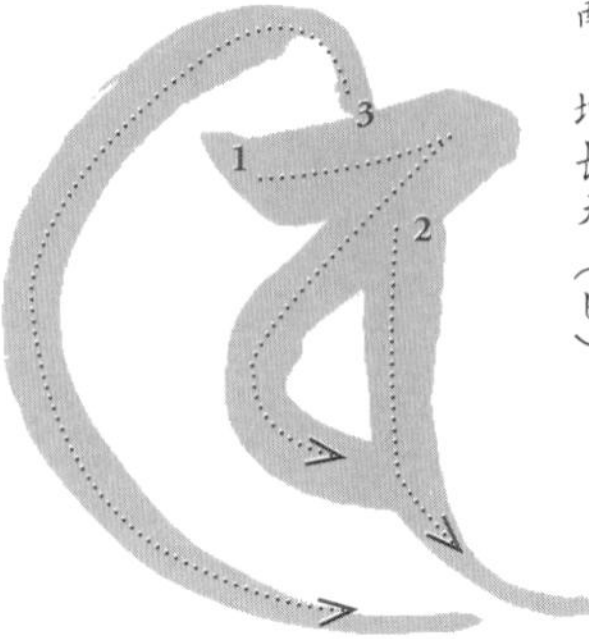

西・廣目天（ビ）

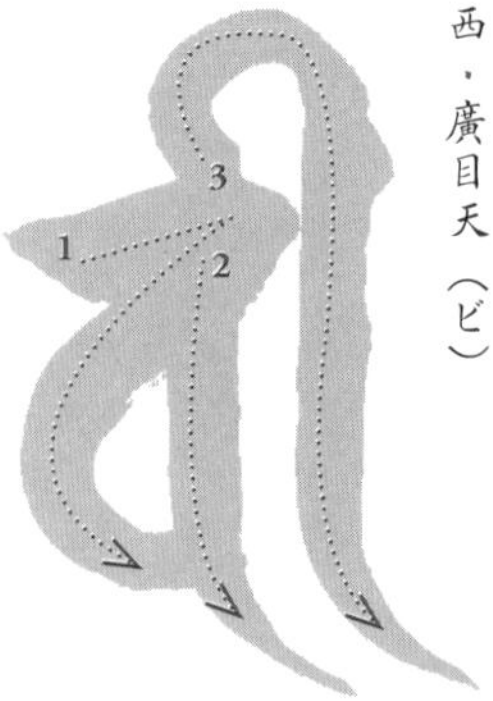

東・持国天（ジリ）

北・毘沙門天（ベイ）

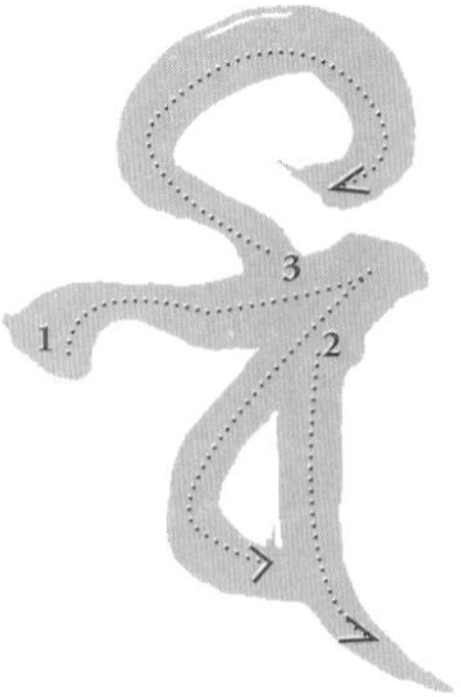

＊数字は書き順を表す

【巻末付録】

［自作編］護符＆梵字を祀る

◇あなたが認めた護符や梵字で〝パワースポット〟を創る

さて本章では、これまでなぞってきた護符や梵字をもう一度、認《したた》めて「自分の自分による自分のための護符や梵字」を創作する方法を紹介していきます。

つまりこの世にただ一つの護符と梵字を書き、適切な場所に貼ることでパワースポットを創り出し、運氣をアップするのです。

もともと書写体として掲載されているものは、私が正式に「開光點眼儀式」を行って開眼扶養し、御靈入れしたものなので「霊力」の備わった御神符ですが、その上にさらに自分のパワーを上乗せするのですから、自分にとってこれほど強い運氣のものはこの世に存在しないのです。これこそ、まさに「ザ・マイ御神符」なのです。

そのためには、神聖な儀式を行う必要がありますが、風水師のような正式なものではなく、ごく身近にできる方法は、斎戒沐浴し潔斎（心身を清浄にする）してから、ピンと張り詰めた雰囲気の中で、筆を走らせて一気に書き進めます。

こうすることで神秘の「霊力」が宿ることになります。そして、丁寧に切り取って財方位や文昌位などの適切な場所に貼付したり、財布などに携帯したりすることで、自宅や仕事場にあなただけのパワースポットができることになります。

◇護符や梵字の取り扱い方法

①護符や梵字には使用方法と貼付場所があるので、自分に合った適切な方法を選ぶ。
②護符や梵字を祀る場所は風呂・トイレ・台所が直線で見える場所に貼るのは避ける。
③護符や梵字は家に貼ったりするもの以外の所持して身を護るものは、他人に触れさせても存在を伝えることも厳禁である。理由は「天の機密は漏洩してはならない」こととそれにより「霊験が失われるため」である。
④護符や梵字は水に濡らしてはいけない。汗などは仕方がないが、極力濡れないように工夫が必要。理由は濡れると効力が失われる。
⑤護符や梵字の祀り過ぎもよろしくない。何事も適度に行うことが大切。
⑥護符や梵字の使用期限は基本的には1年ほどだが、使用頻度により異なる。3ヶ月、6ヶ月、9ヶ月などの3の周期の場合もある。
⑦本来は破れたり汚れた護符は燃やしてお焚き上げするのが作法だが、近年では条例によりそれらを燃やすことは禁止されている地域の方が多いため、通常の可燃ごみとして護符だけをビニール袋やゴミ袋に入れて捨てる。ただし、意図せず破れたり汚れたりした場

［生年の干支から見た文昌位］

文昌位…風水的な理論に基づく試験合格・立身出世に良いとされる空間のこと。この方位には文昌運を高めるために文昌塔・四本の筆・縁起の良いアイテム・護符などを置くと文昌運上昇にとても有効。

生年の干支	文昌位
子・丑	北
寅	東北
卯・辰	東
巳	東南
午・未	南
申	西南
酉・戌	西
亥	西北

［玄関の方位から見た財方位］

財方位（玄関の方位からみた財方位）…風水的な理論に基づく財（お金）が貯まるとされる空間のこと。この方位には財運を高めるために水槽・パワーストーン・縁起の良いアイテム・護符などを置くと財運上昇にとても有効。

玄関方位	財方位
北	東・西南
東北	東南
東	西南・北
東南	西南・東
南	東南
西南	西
西	北・東南
西北	東・南

合は、何かの変化が起きる前の知らせなので、注意が必要。また書き間違えた護符や梵字の処分方法も同様である。

⑧ 供物は捧げる方がよい。これは人間の世界でも同じだが、他人宅でもてなされたら嫌な気をする人は少ないだろう。それと同じで護符や梵字に関連する神仏さまも歓迎されればされるほど霊験を発揮する。供物は果物・酒・茶・菓子・料理など特に決まりはないが、予算と願望に対する熱意などで決めるのがよい。

なぞって書いて、貼りましょう。
邪氣を祓い、強運を引き寄せます。

玉皇鑾駕

◈ **玉皇鑾駕**

ご利益：福禄寿、加官進禄、富貴吉祥、龍神召喚、鎮宅光明（家を鎮護する）

貼付場所：家の中心の柱や神棚・玄関のいずれか

天皇鑾駕

◈ **天皇鑾駕**

ご利益：福禄寿、加官進禄、富貴吉祥、龍神召喚、鎮宅光明（家を鎮護する）

貼付場所：家の中心の柱や神棚・玄関のいずれか

紫微鑾駕

◈ **紫微鑾駕**

ご利益：福禄寿、加官進禄、富貴吉祥、龍神召喚、鎮宅光明（家を鎮護する）

貼付場所：家の中心の柱や神棚・玄関のいずれか

＊ペンや筆でなぞって書き、護符を点線に沿って切り取り、適切な場所に貼って祀ります。なお、ペンや筆の太さは問いませんが、書く線が細い場合には、本に描かれた字の中心をなぞるようにしてください。

＊表面の護符をペンや筆でなぞって書き、点線に沿って切り取り、適切な場所に貼って祀ります。

＊護符・梵字の裏面に描かれているのはご利益のある神仏

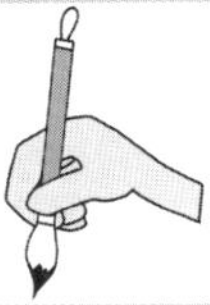

なぞって書いて、貼りましょう。邪氣を祓い、強運を引き寄せます。

立春大吉

招財進寶

吉祥如意

◇ **立春大吉**

ご利益：厄を除け、新しい一年を平穏に過ごせる

貼付場所：玄関に貼る

◇ **招財進寶**

ご利益：金運上昇、商売繁盛

使用方法：財布などに入れて持ち歩く

貼付場所：財方位に貼る

◇ **吉祥如意**

ご利益：良いことが舞い込み、思い通りに事が運ぶ

使用方法：財布などに入れて持ち歩く

貼付場所：財方位に貼る

＊ペンや筆でなぞって書き、護符を点線に沿って切り取り、適切な場所に貼って祀ります。なお、ペンや筆の太さは問いませんが、書く線が細い場合には、本に描かれた字の中心をなぞるようにしてください。

＊表面の護符をペンや筆でなぞって書き、点線に沿って切り取り、適切な場所に貼って祀ります。

＊護符・梵字の裏面に描かれているのはご利益のある神仏

なぞって書いて、貼りましょう。
邪氣を祓い、強運を引き寄せます。

日進斗金

黄金萬両

日日有財

◈ **日進斗金**

ご利益：毎日斗《ます》で金が入る

使用方法：財布などに入れて持ち歩く

貼付場所：財方位に貼る・レジに入れる

◈ **黄金萬両**

ご利益：黄金一万両の富

使用方法：財布などに入れて持ち歩く

貼付場所：財方位に貼る・金庫に入れる

◈ **日日有財**

ご利益：毎日財が入る

使用方法：財布などに入れて持ち歩く

貼付場所：財方位に貼る・レジに入れる

＊ペンや筆でなぞって書き、護符を点線に沿って切り取り、適切な場所に貼って祀ります。なお、ペンや筆の太さは問いませんが、書く線が細い場合には、本に描かれた字の中心をなぞるようにしてください。

＊表面の護符をペンや筆でなぞって書き、点線に沿って切り取り、適切な場所に貼って祀ります。

＊護符・梵字の裏面に描かれているのはご利益のある神仏

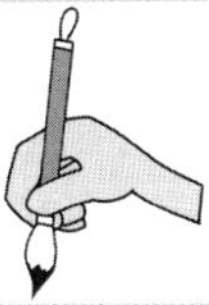

なぞって書いて、貼りましょう。
邪氣を祓い、強運を引き寄せます。

生意興隆

富貴吉祥

加官進禄

◇ **生意興隆**

ご利益：商売繁盛

使用方法：財布などに入れて持ち歩く

貼付場所：財方位に貼る・レジに入れる

◇ **富貴吉祥**

ご利益：富が入り、身分も上がる

使用方法：財布などに入れて持ち歩く

貼付場所：財方位に貼る

◇ **加官進禄**

ご利益：昇進、昇格、給与も上がる

使用方法：財布などに入れて持ち歩く

貼付場所：文昌位に貼る

＊ペンや筆でなぞって書き、護符を点線に沿って切り取り、適切な場所に貼って祀ります。なお、ペンや筆の太さは問いませんが、書く線が細い場合には、本に描かれた字の中心をなぞるようにしてください。

＊表面の護符をペンや筆でなぞって書き、点線に沿って切り取り、適切な場所に貼って祀ります。

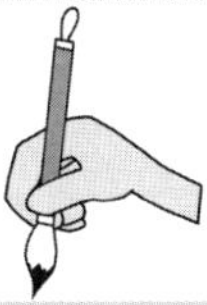

なぞって書いて、貼りましょう。邪氣を祓い、強運を引き寄せます。

天官賜福

金玉満堂

百無禁忌

◇天官賜福

ご利益：悪罪赦免、厄除け、招福

使用方法：財布などに入れて持ち歩く・レジに入れる

貼付場所：神棚・玄関のいずれかに貼る

◇金玉満堂

ご利益：家中が金や玉（翡翠＝貴重品）で満ちあふれる

使用方法：財布などに入れて持ち歩く

貼付場所：財方位に貼る

◇百無禁忌

ご利益：あらゆる妖魔邪鬼の類や形状の殺気の凶作用などを退ける

使用方法：財布などに入れて持ち歩く

貼付場所：あらゆる凶方位に向けて貼る

＊ペンや筆でなぞって書き、護符を点線に沿って切り取り、適切な場所に貼って祀ります。なお、ペンや筆の太さは問いませんが、書く線が細い場合には、本に描かれた字の中心をなぞるようにしてください。

＊表面の護符をペンや筆でなぞって書き、点線に沿って切り取り、適切な場所に貼って祀ります。

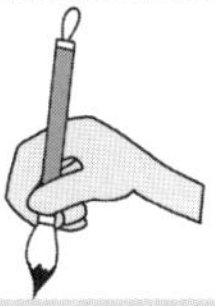

なぞって書いて、貼りましょう。邪氣を祓い、強運を引き寄せます。

元亨利貞

龍鳳呈祥

五穀豐登

◈ **元亨利貞**

ご利益：方位避け・護身・災禍を退ける

使用方法：財布などに入れて持ち歩く

貼付場所：あらゆる凶方位に向けて貼る

◈ **龍鳳呈祥**

ご利益：請願成就・和合・完成・神からの祝福

使用方法：布などに入れて持ち歩く

貼付場所：神棚などに祀る

◈ **五穀豊登**

ご利益：豊作、大漁、黒字経営

使用方法：携帯する

＊ペンや筆でなぞって書き、護符を点線に沿って切り取り、適切な場所に貼って祀ります。なお、ペンや筆の太さは問いませんが、書く線が細い場合には、本に描かれた字の中心をなぞるようにしてください。

＊表面の護符をペンや筆でなぞって書き、点線に沿って切り取り、適切な場所に貼って祀ります。

なぞって書いて、貼りましょう。邪氣を祓い、強運を引き寄せます。

◈大日如来（上↓バン・下↓ア）…願望成就・現世利益

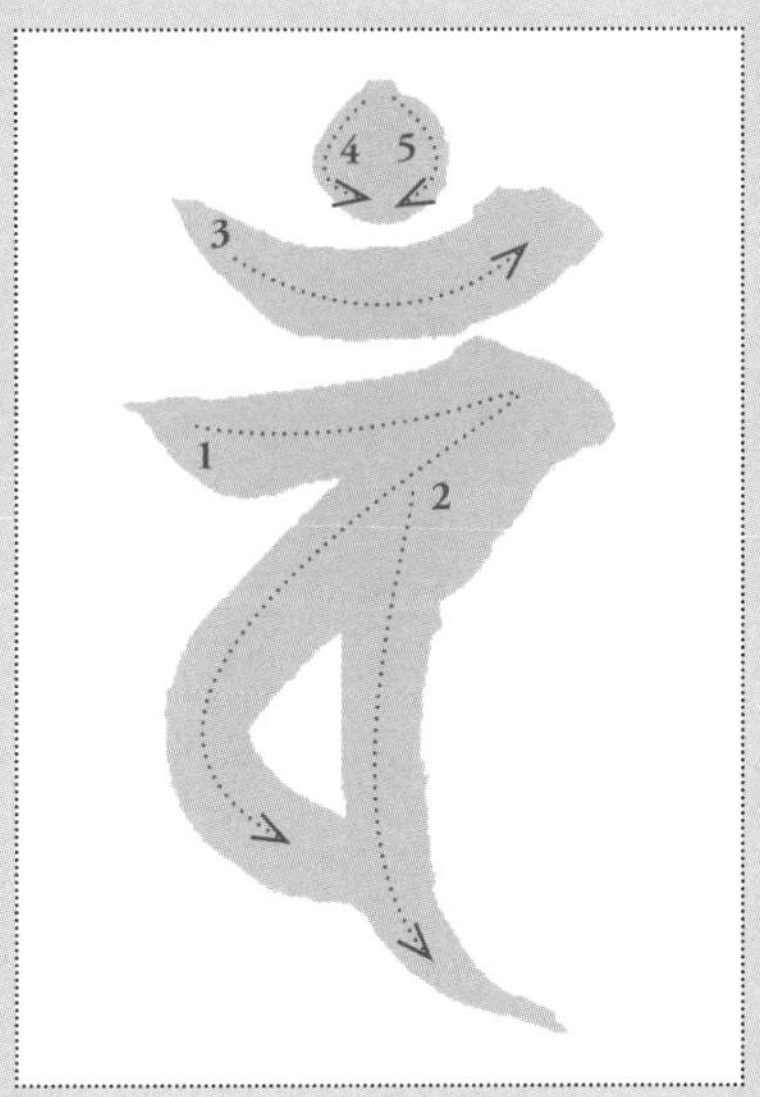

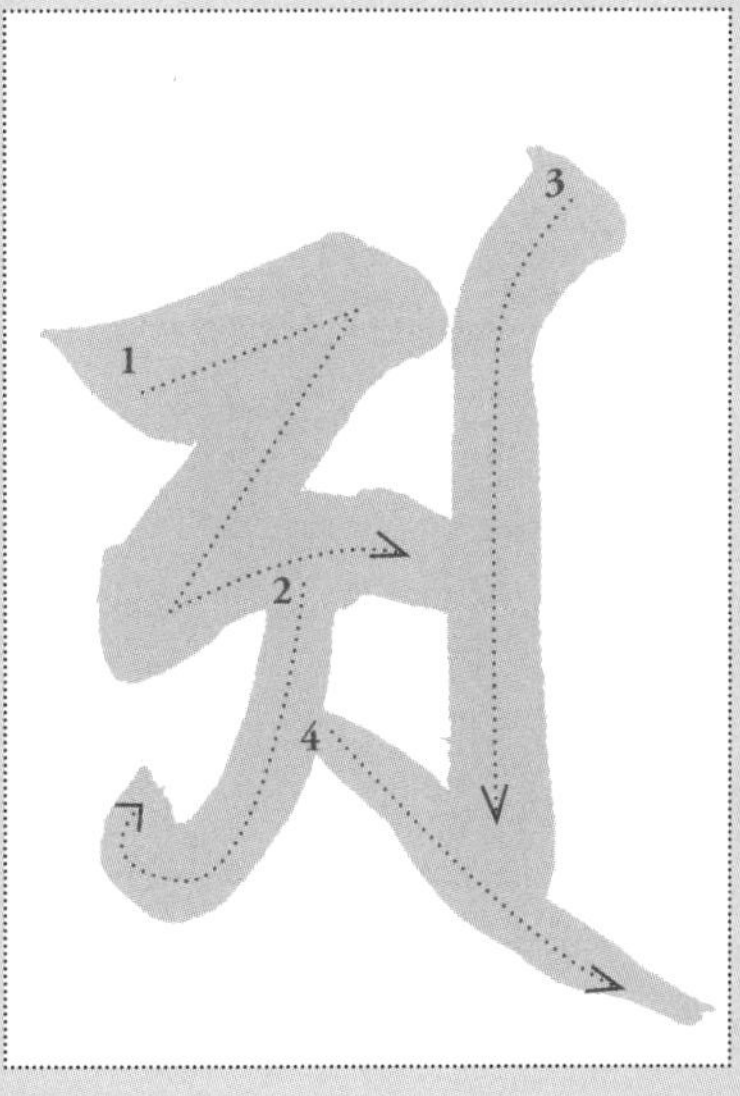

◈阿閦如来…無病息災・病気平癒

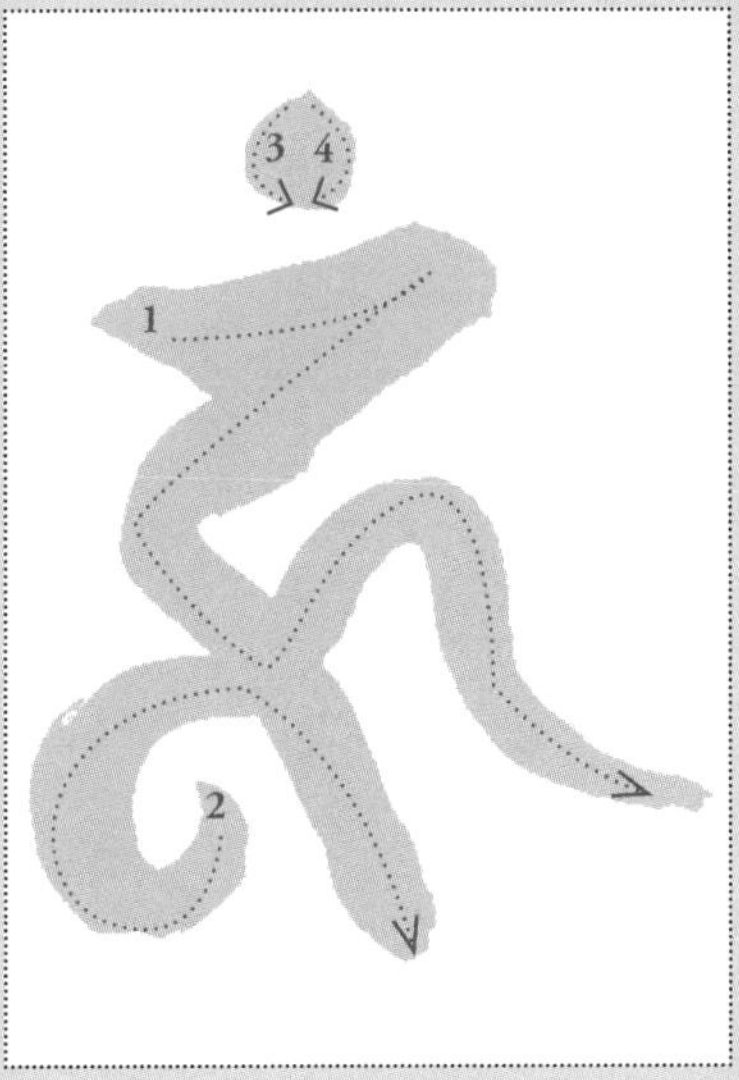

◈宝生如来…福徳・財宝

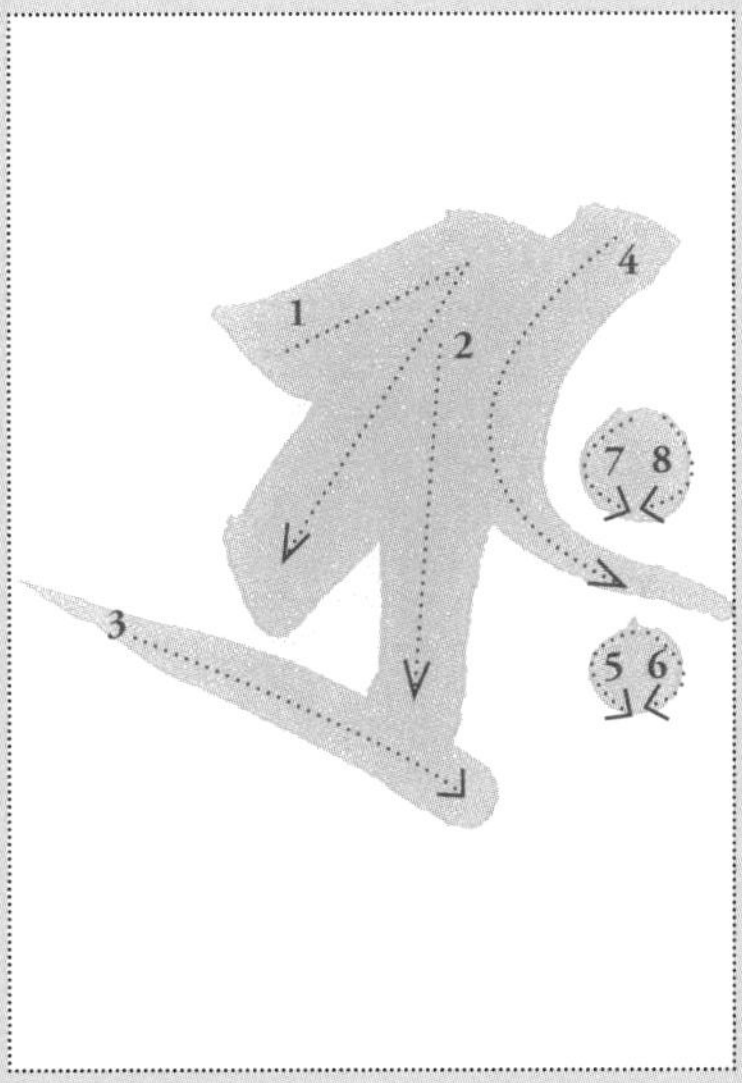

＊ペンや筆でなぞって書き、梵字を点線に沿って切り取り、持ち歩くか部屋の見える場所に貼ります。なお、ペンや筆の太さは問いませんが、書く線が細い場合には、本に描かれた字の中心をなぞるようにしてください。

＊数字は書き順を表す

＊表面の梵字をペンや筆でなぞって書き、点線に沿って切り取り、持ち歩くか部屋の見える場所に貼って祀ります。

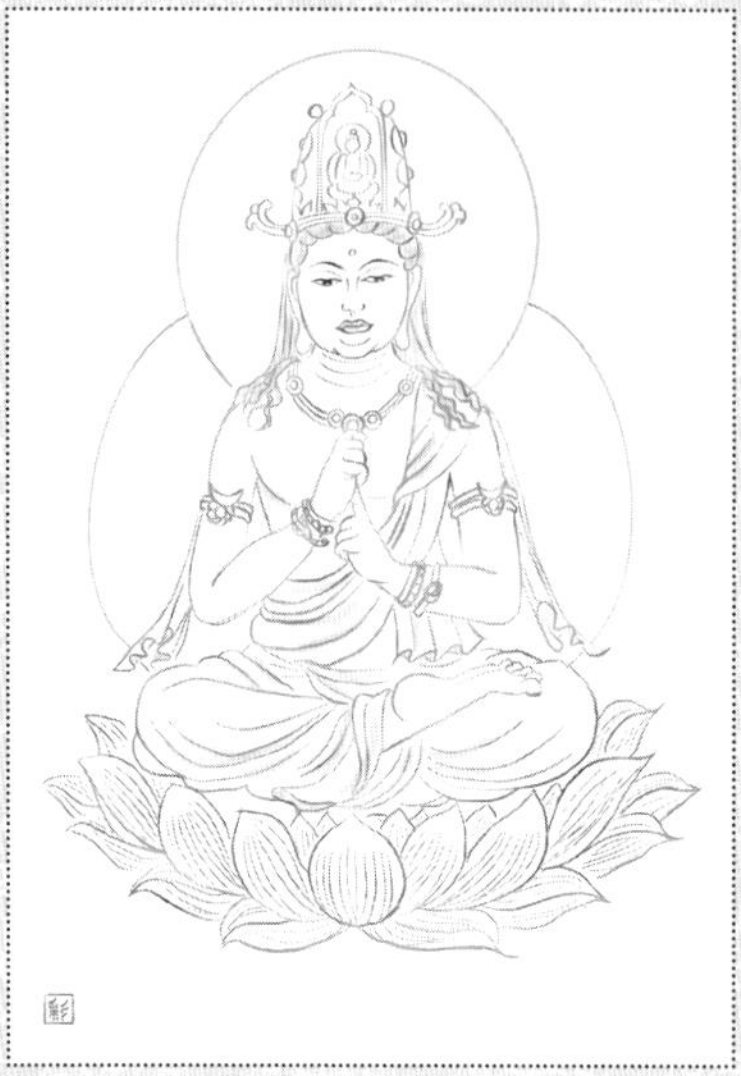

◈大日如来（上↓バン・下↓ア）

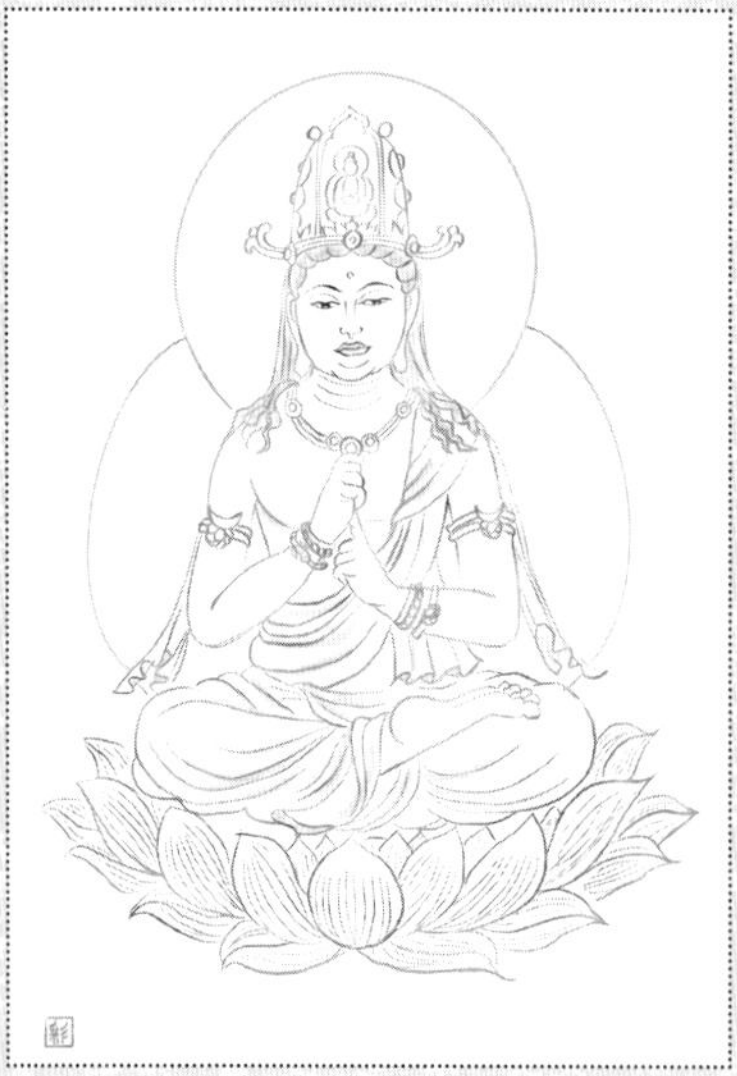

＊護符・梵字の裏面に描かれているのはご利益のある神仏

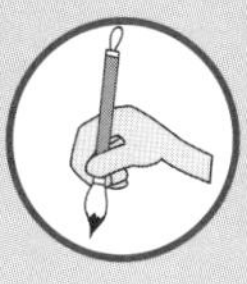

なぞって書いて、貼りましょう。邪氣を祓い、強運を引き寄せます。

◇観自在王如来…除災・因縁断絶・病気平癒

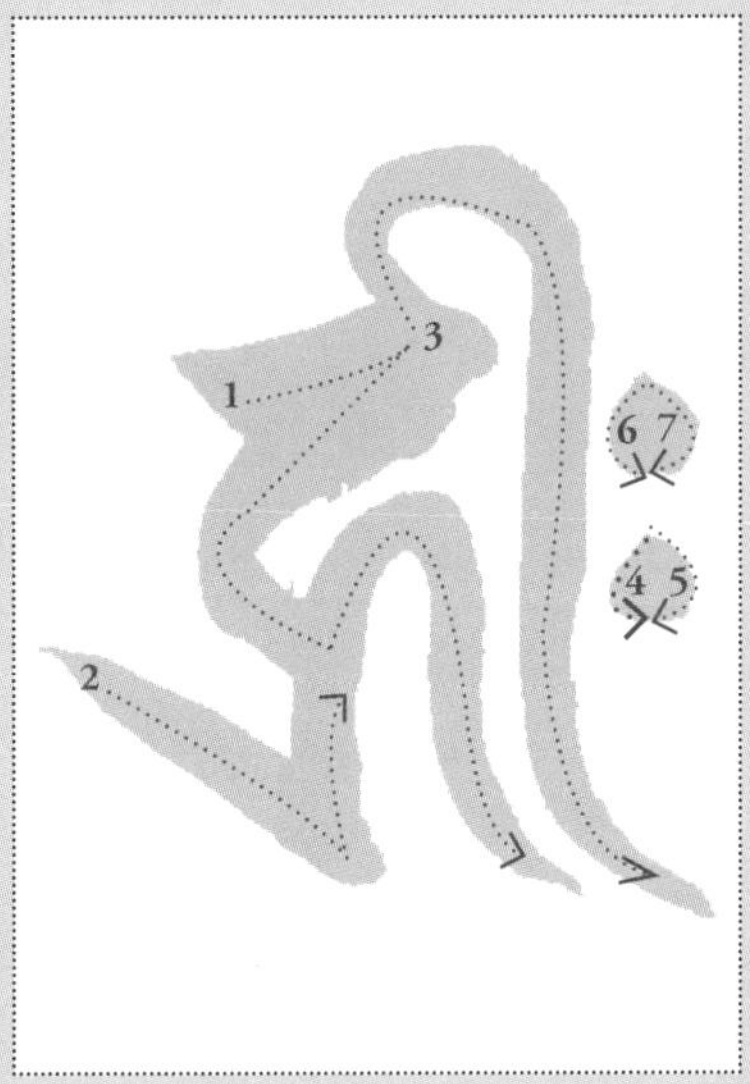

◇釈迦如来…苦悩解消・煩悩鎮静

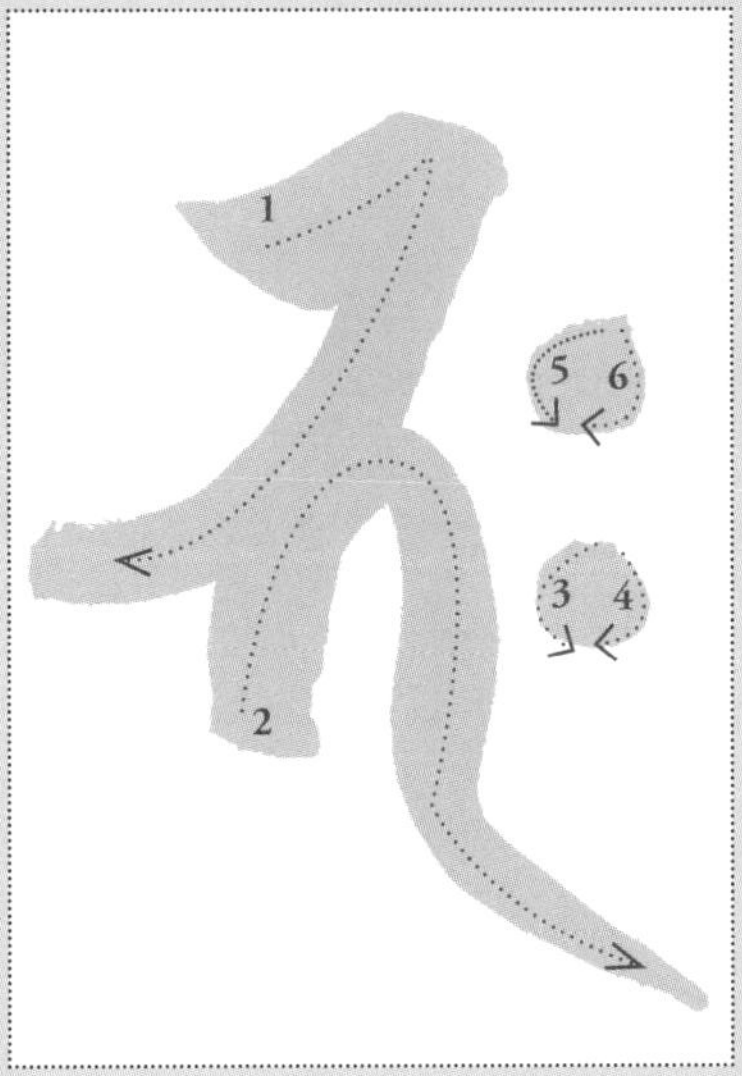

◇不空成就如来…大願成就・智恵授与

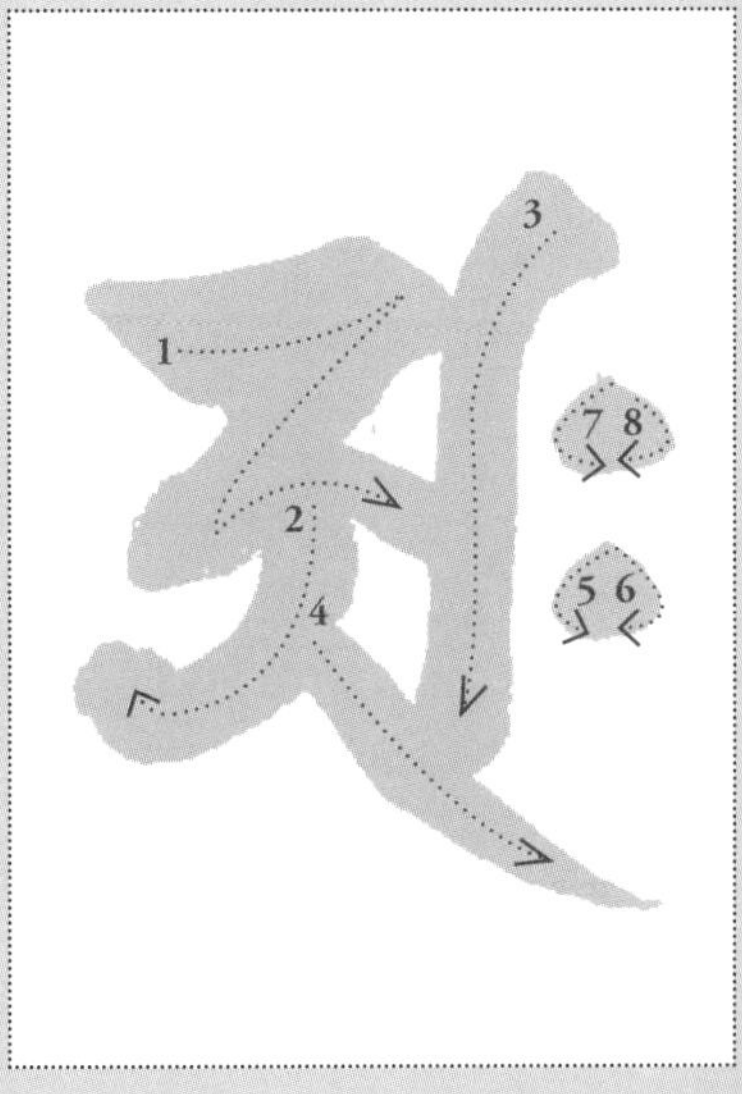

◇阿弥陀如来…極楽往生・現世利益

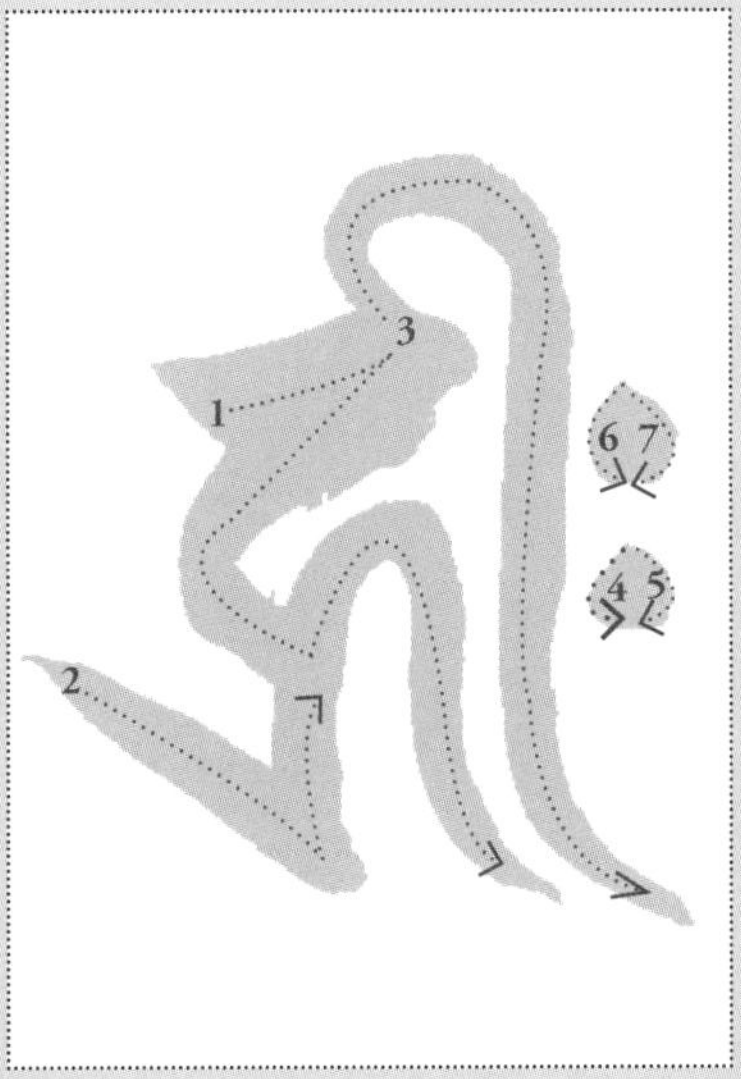

＊ペンや筆でなぞって書き、梵字を点線に沿って切り取り、持ち歩くか部屋の見える場所に貼ります。なお、ペンや筆の太さは問いませんが、書く線が細い場合には、本に描かれた字の中心をなぞるようにしてください。

＊数字は書き順を表す

＊表面の梵字をペンや筆でなぞって書き、点線に沿って切り取り、持ち歩くか部屋の見える場所に貼って祀ります。

なぞって書いて、貼りましょう。邪氣を祓い、強運を引き寄せます。

◈薬師如来…病気平癒・眼病予防・請願成就

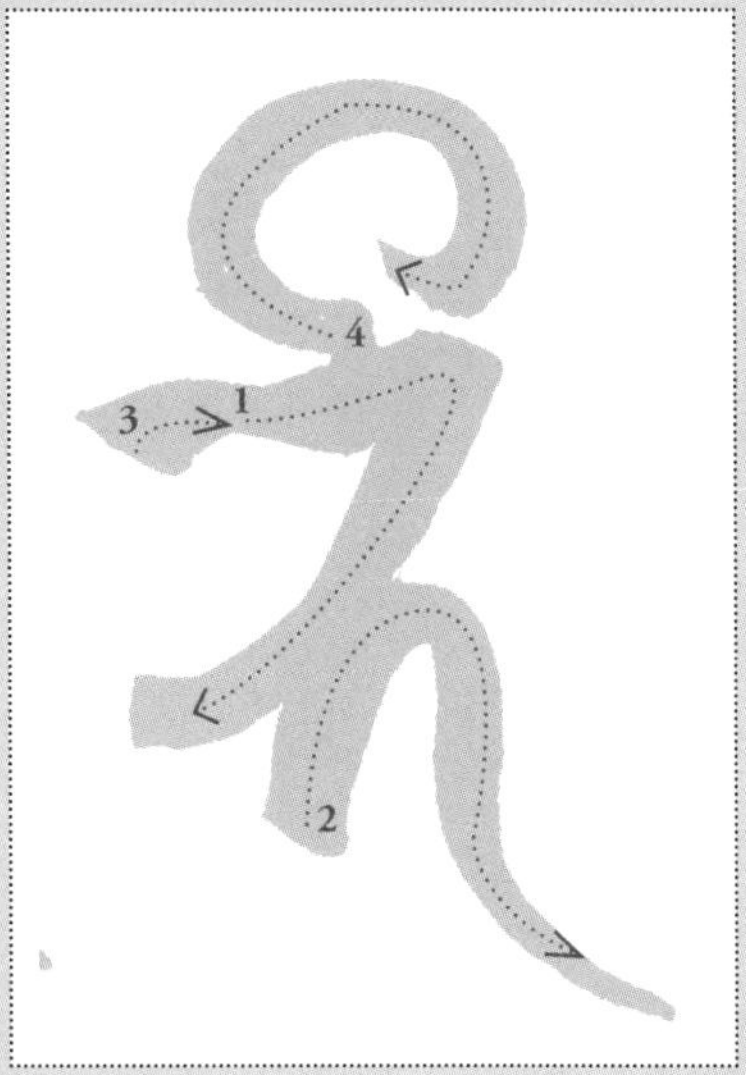

◈文殊菩薩…叡智開眼・判断勇敢

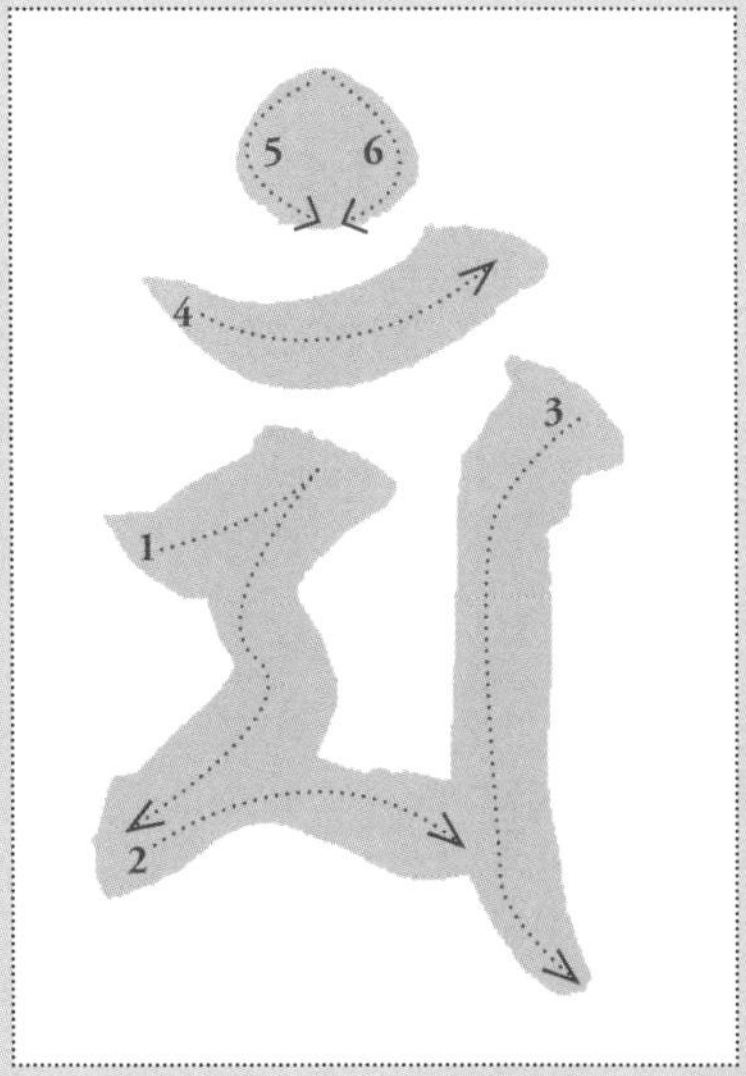

◈普賢菩薩…赦免救済・延命救命

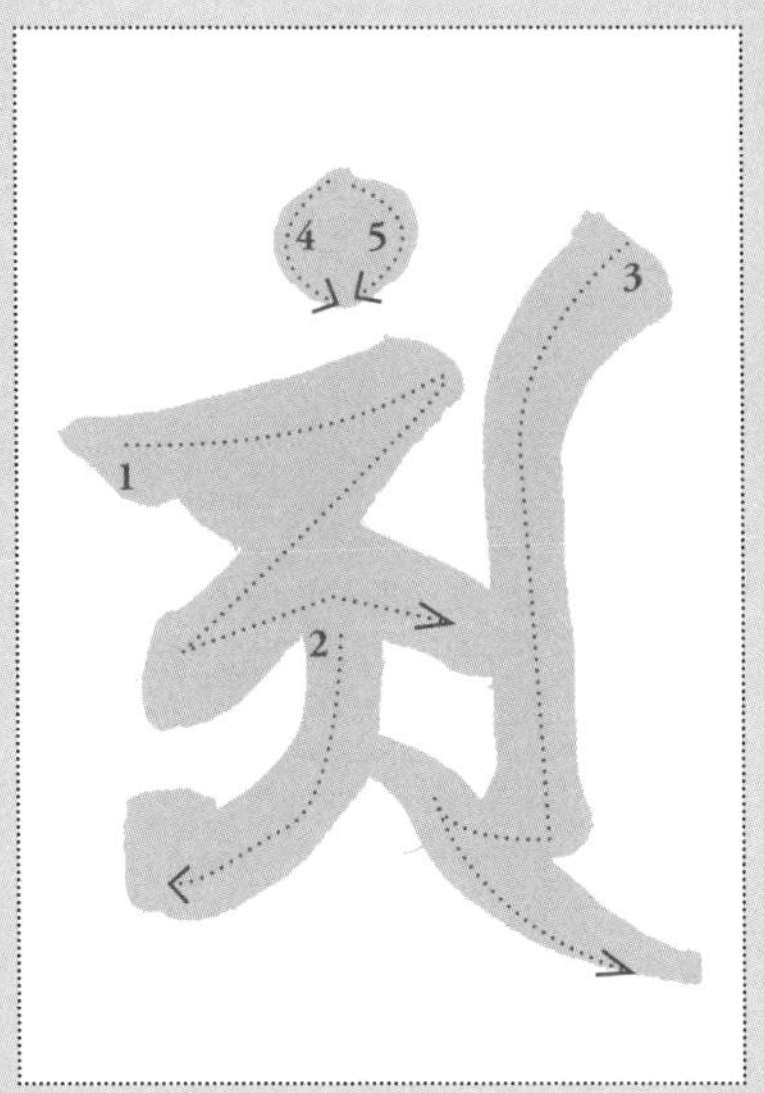

◈地蔵王菩薩…水子供養・病気平癒・五穀豊穣

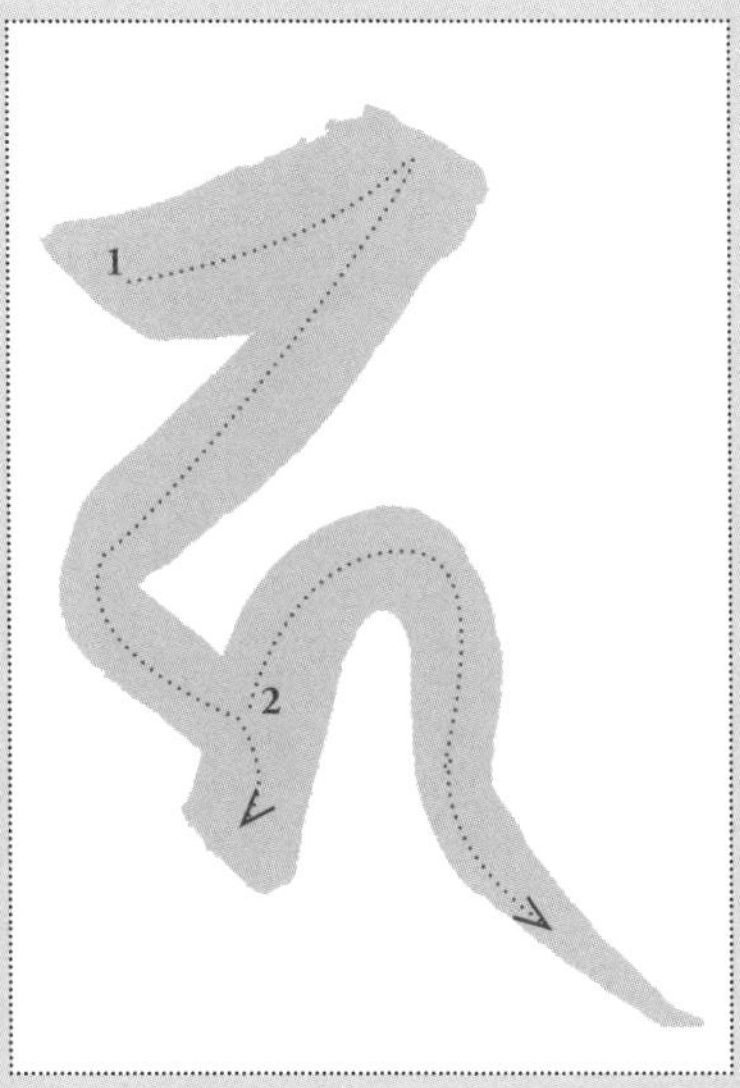

＊ペンや筆でなぞって書き、梵字を点線に沿って切り取り、持ち歩くか部屋の見える場所に貼ります。なお、ペンや筆の太さは問いませんが、書く線が細い場合には、本に描かれた字の中心をなぞるようにしてください。

＊数字は書き順を表す

＊表面の梵字をペンや筆でなぞって書き、点線に沿って切り取り、持ち歩くか部屋の見える場所に貼って祀ります。

なぞって書いて、貼りましょう。邪氣を祓い、強運を引き寄せます。

◈弥勒菩薩…未来救済・悪縁断絶

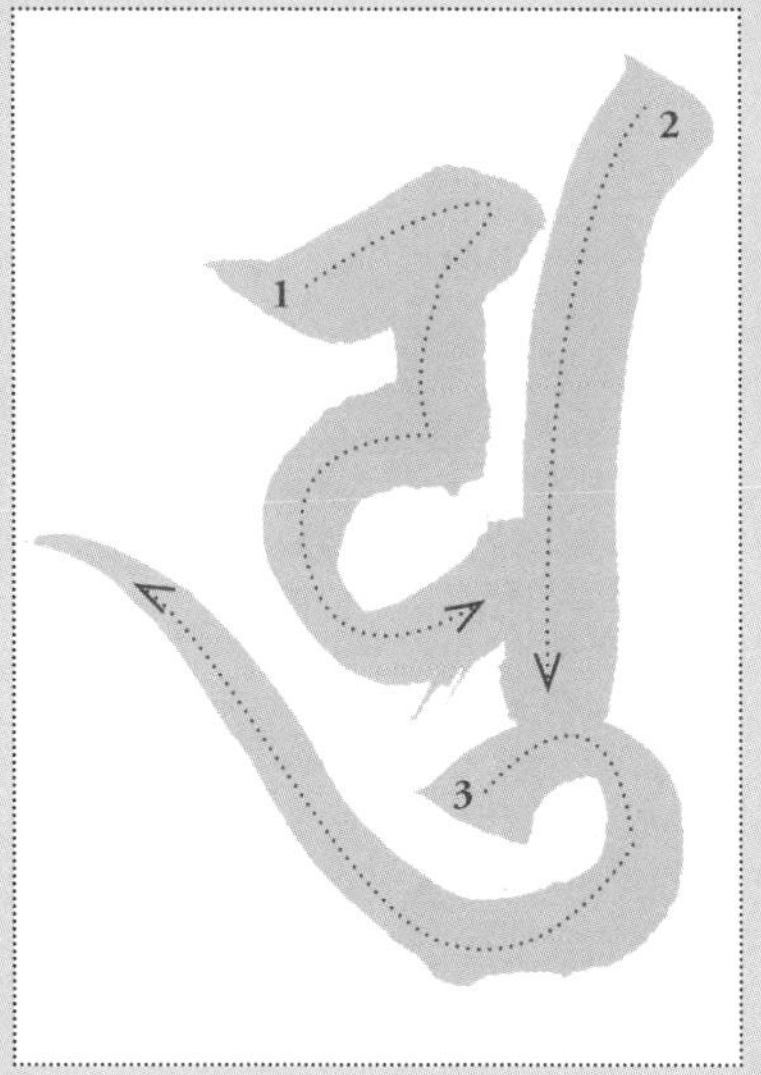

◈勢至菩薩…家内安全・除災招福

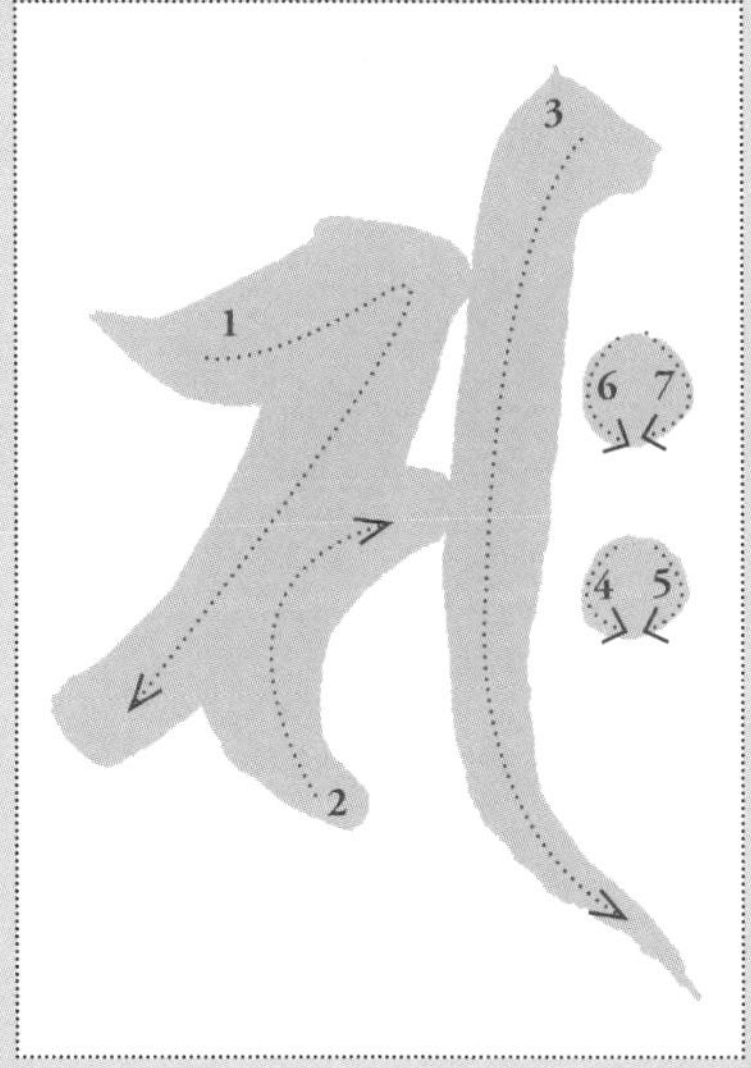

◈千手観音菩薩…病気平癒・

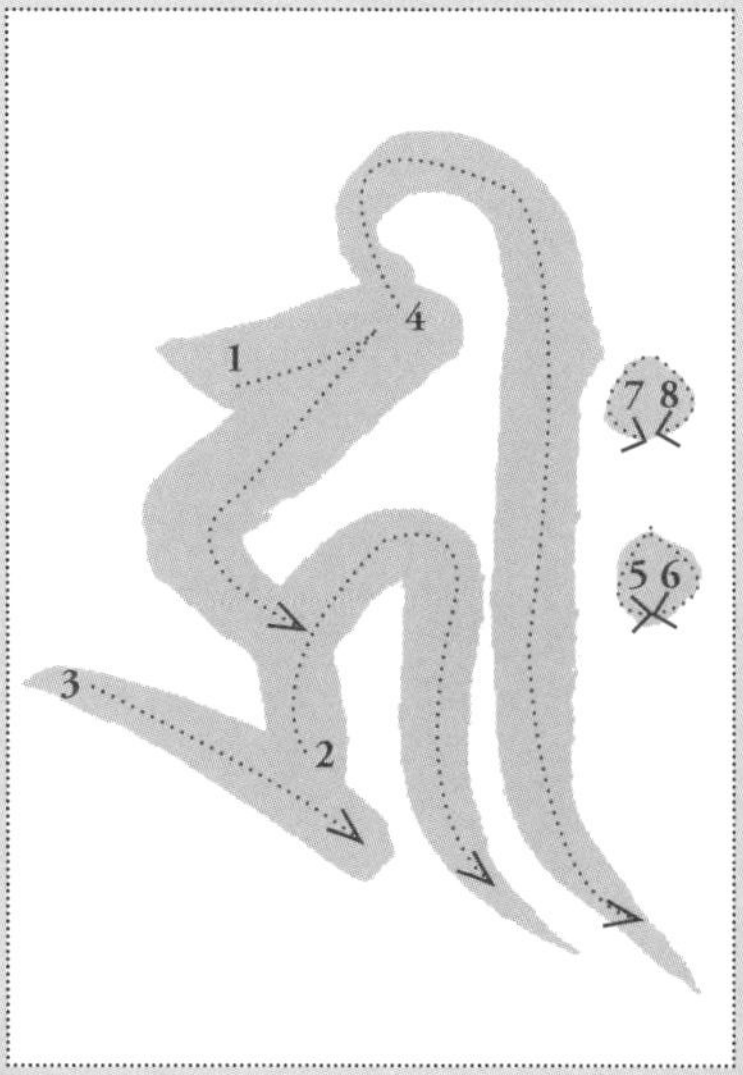

◈十一面観音菩薩…病気平癒・死後成仏

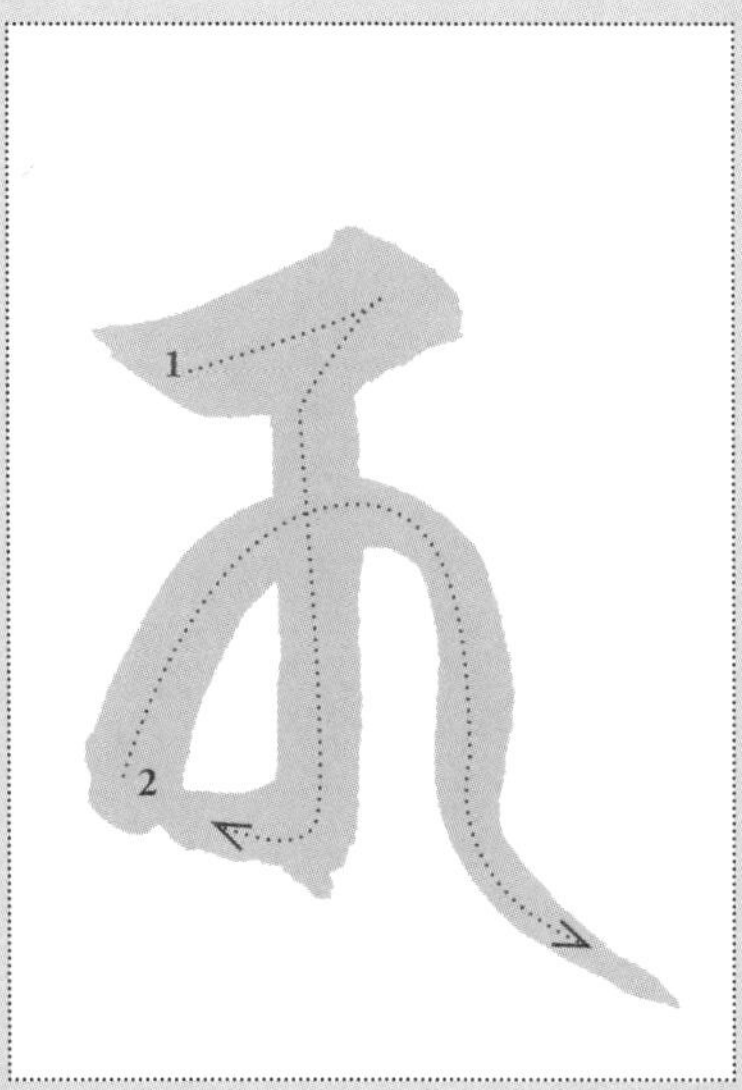

＊ペンや筆でなぞって書き、梵字を点線に沿って切り取り、持ち歩くか部屋の見える場所に貼ります。なお、ペンや筆の太さは問いませんが、書く線が細い場合には、本に描かれた字の中心をなぞるようにしてください。

＊数字は書き順を表す

＊表面の梵字をペンや筆でなぞって書き、点線に沿って切り取り、持ち歩くか部屋の見える場所に貼って祀ります。

なぞって書いて、貼りましょう。邪氣を祓い、強運を引き寄せます。

虚空蔵菩薩…叡智聡明・技芸向上

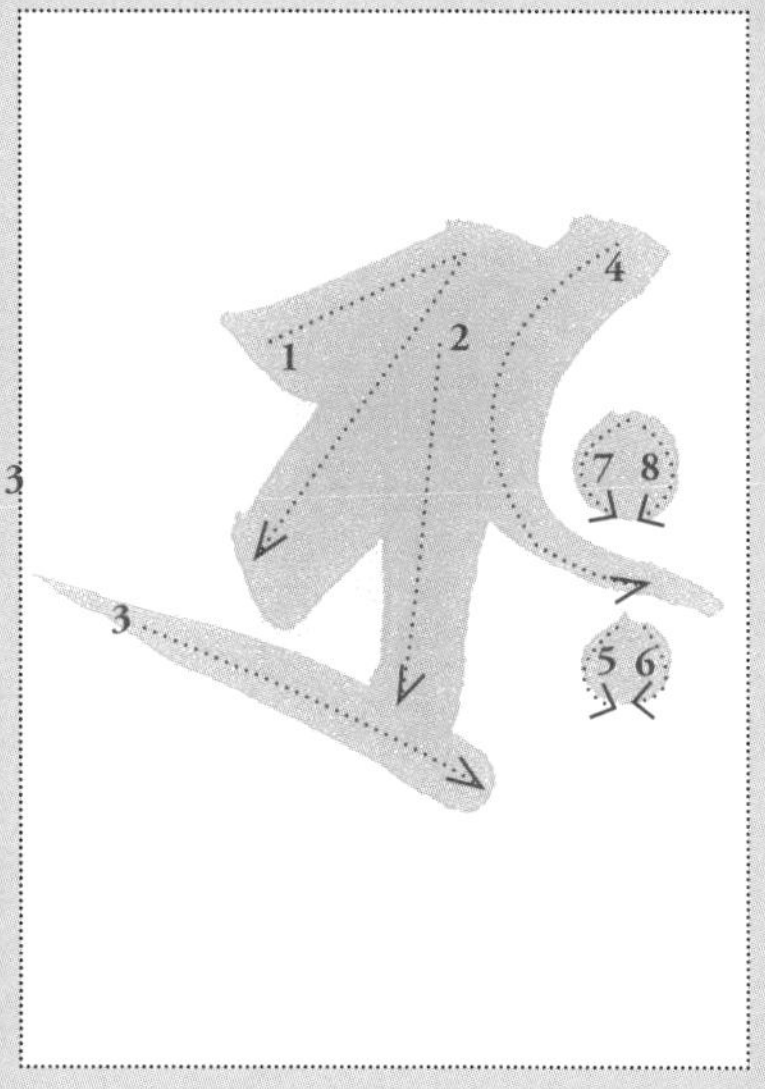

不動明王…勝負必勝・降魔消災

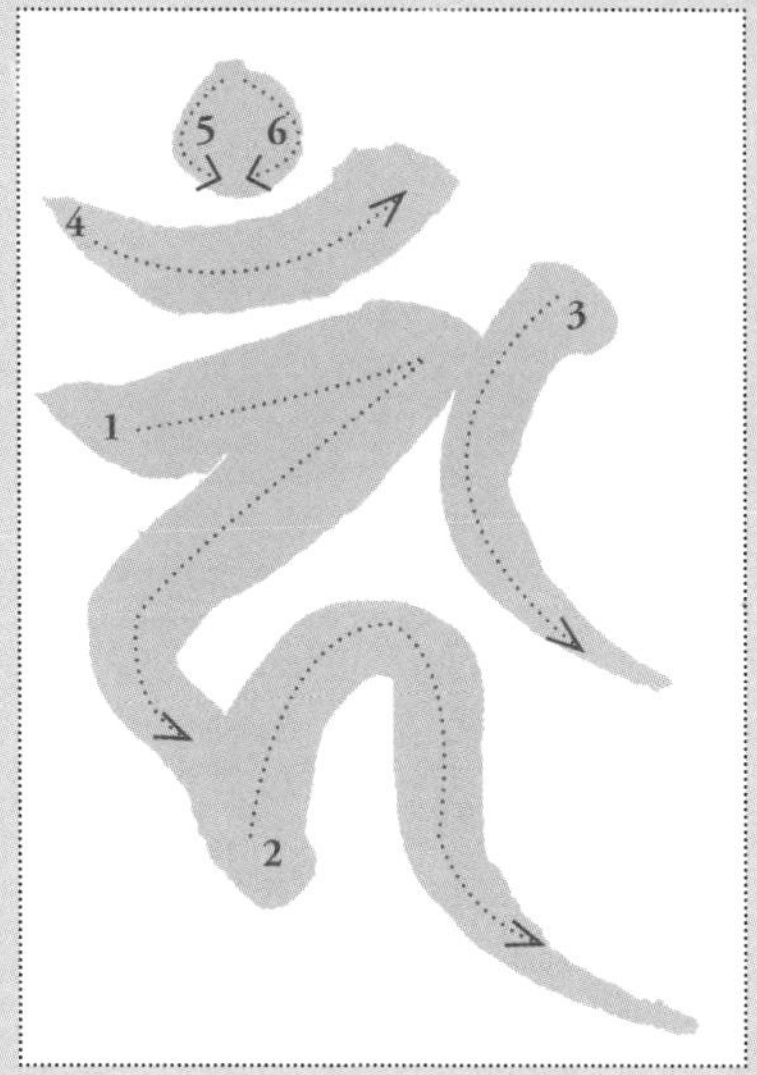

妙見菩薩…国土安穏

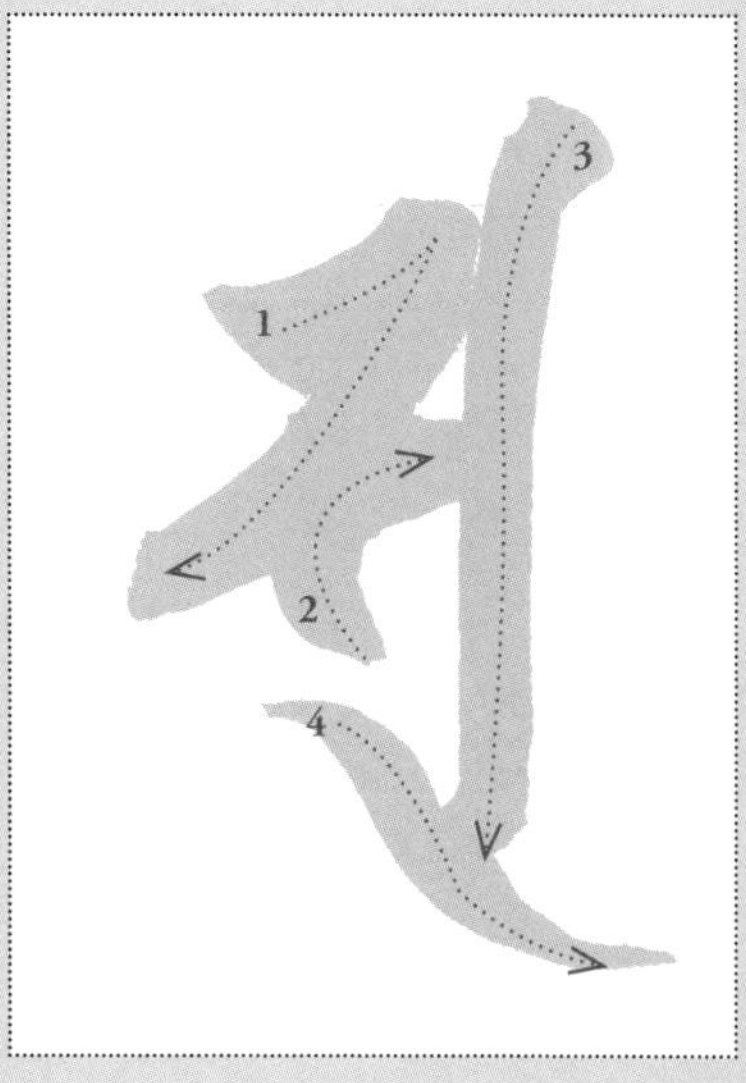

降三世明王…煩悩断絶・悪人調伏

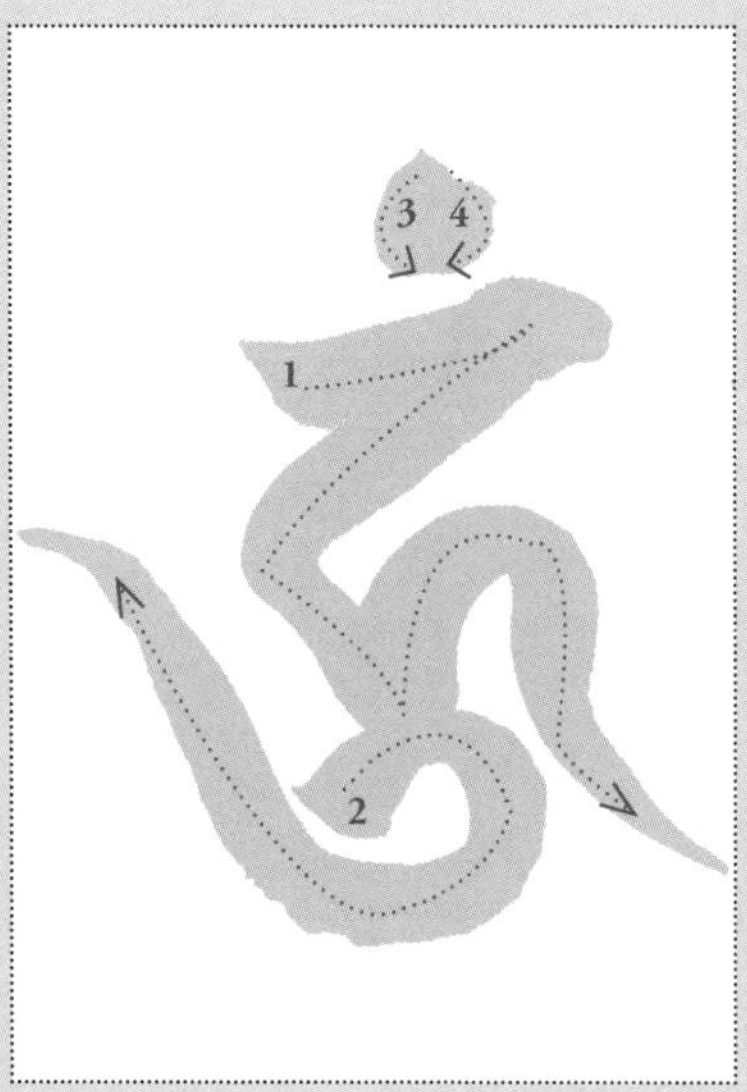

＊ペンや筆でなぞって書き、梵字を点線に沿って切り取り、持ち歩くか部屋の見える場所に貼ります。なお、ペンや筆の太さは問いませんが、書く線が細い場合には、本に描かれた字の中心をなぞるようにしてください。

＊数字は書き順を表す

＊表面の梵字をペンや筆でなぞって書き、点線に沿って切り取り、持ち歩くか部屋の見える場所に貼って祀ります。

不動明王

＊護符・梵字の裏面に描かれているのはご利益のある神仏

なぞって書いて、貼りましょう。邪氣を祓い、強運を引き寄せます。

軍荼利明王…悪鬼退散・障害除去

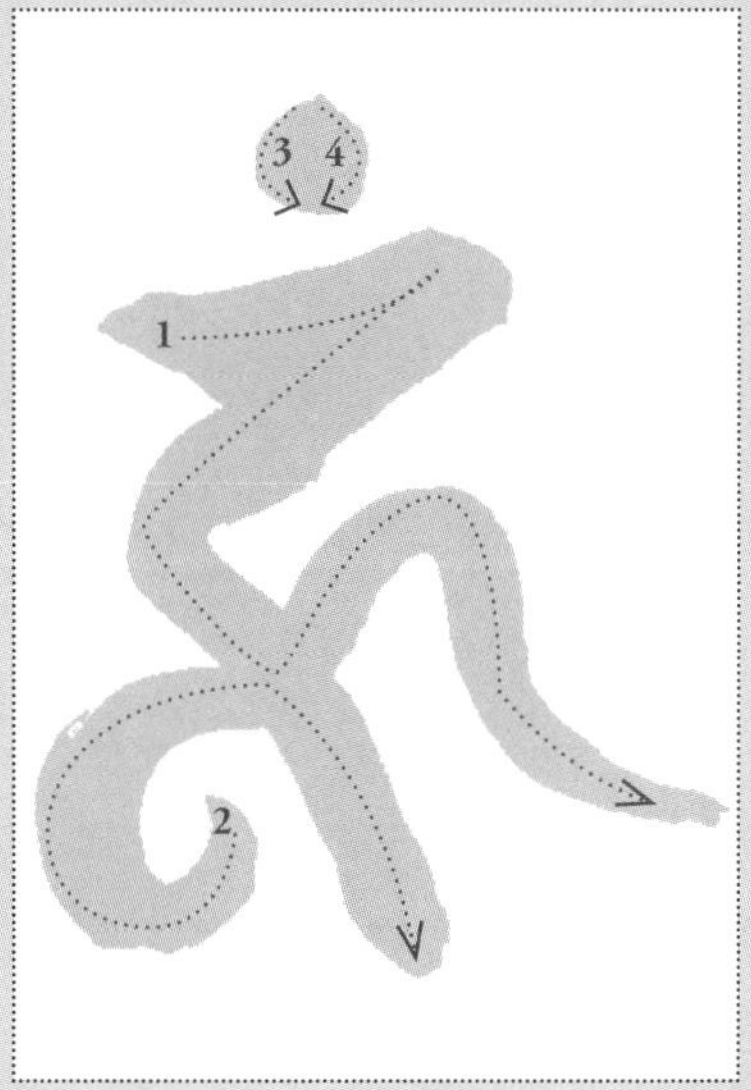

金剛夜叉明王…無病息災・悪人粛清

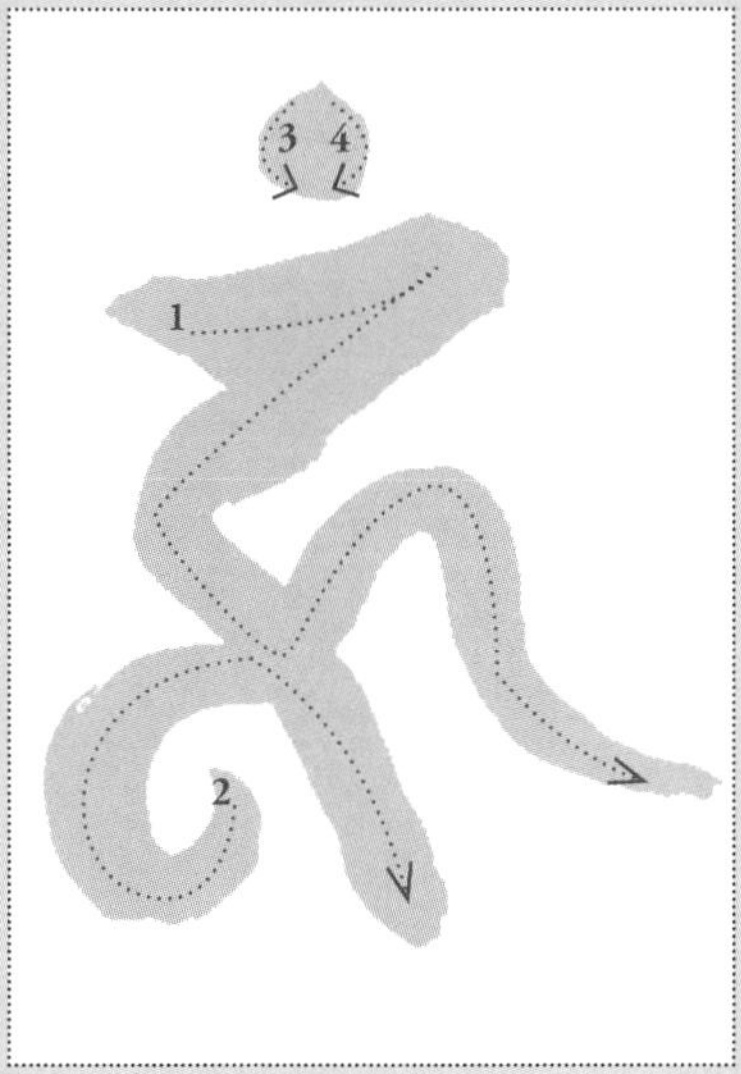

大威徳明王…[illegible]

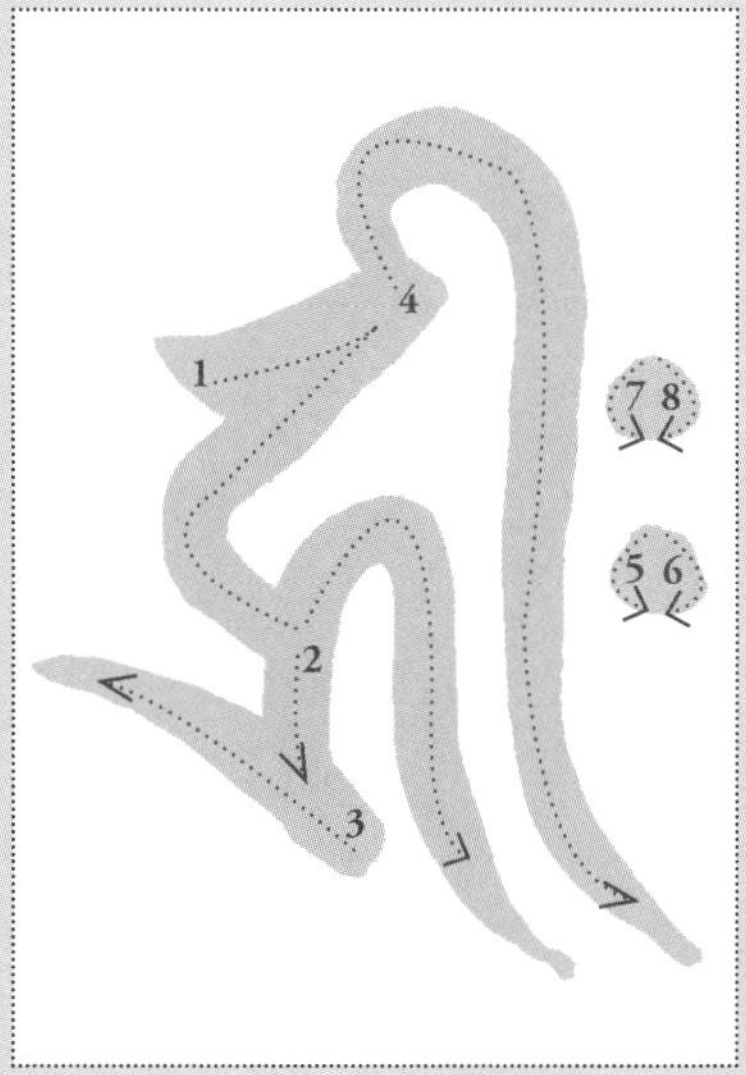

愛染明王…良縁招福・男女和合

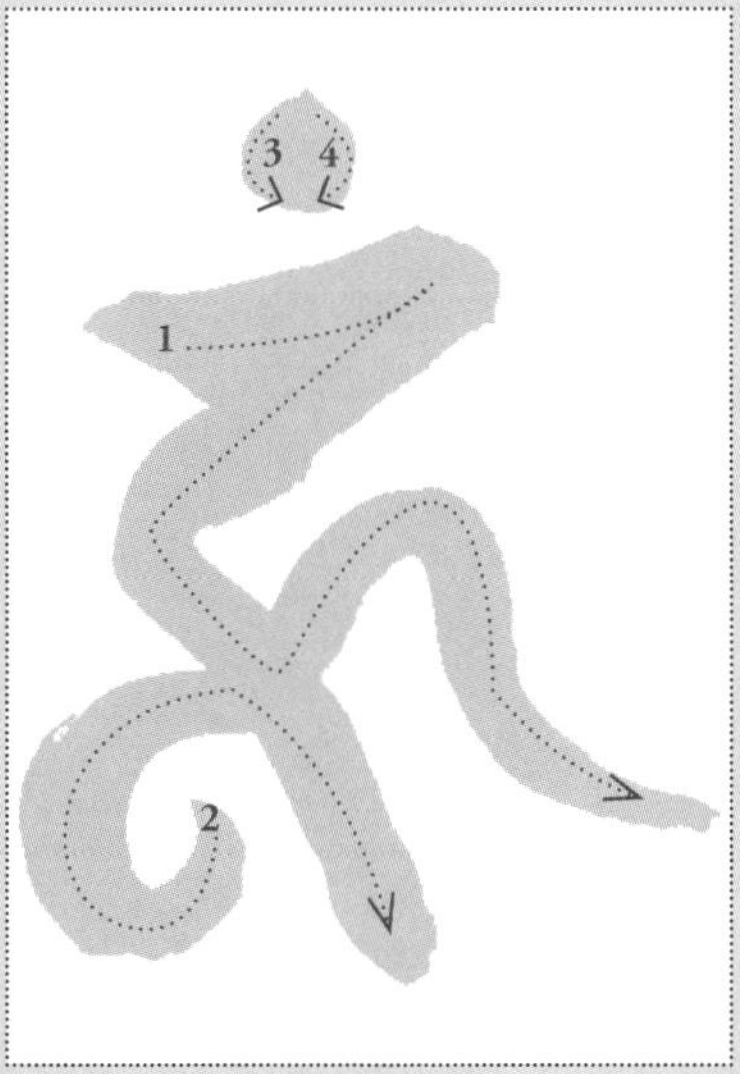

＊ペンや筆でなぞって書き、梵字を点線に沿って切り取り、持ち歩くか部屋の見える場所に貼ります。なお、ペンや筆の太さは問いませんが、書く線が細い場合には、本に描かれた字の中心をなぞるようにしてください。

＊数字は書き順を表す

＊表面の梵字をペンや筆でなぞって書き、点線に沿って切り取り、持ち歩くか部屋の見える場所に貼って祀ります。

なぞって書いて、貼りましょう。邪氣を祓い、強運を引き寄せます。

◈烏枢沙摩明王…怨恨鎮魂・恋愛成就

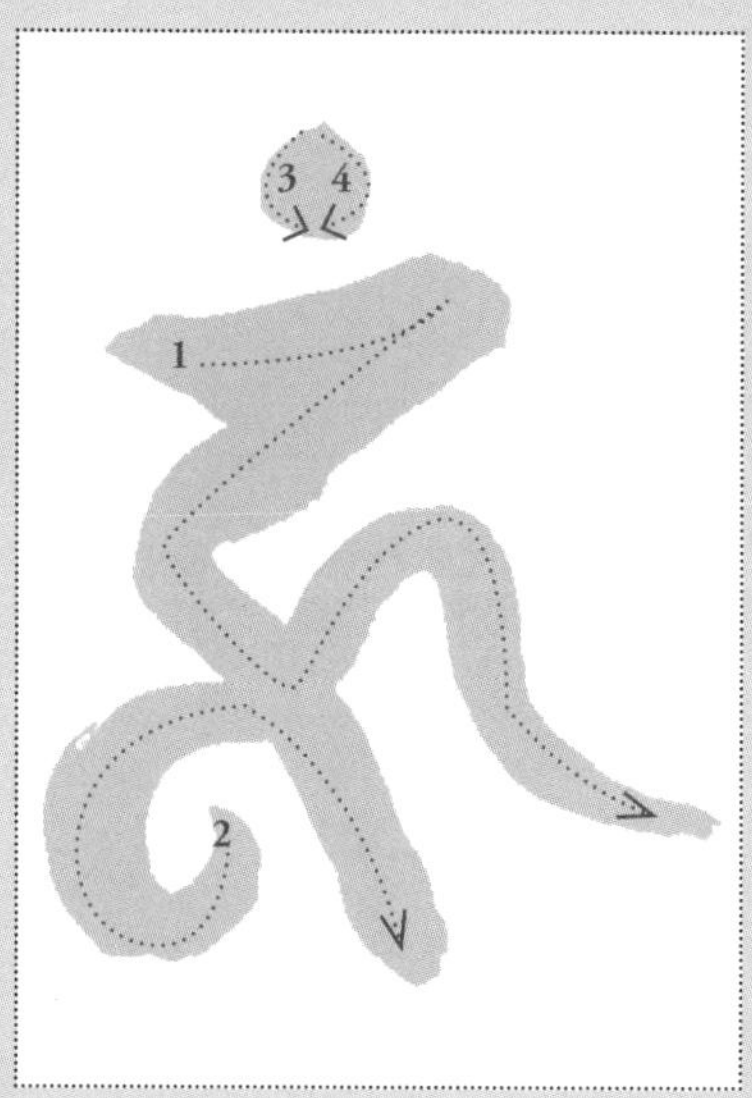

◈大元帥明王…鎮護国家・外敵降伏

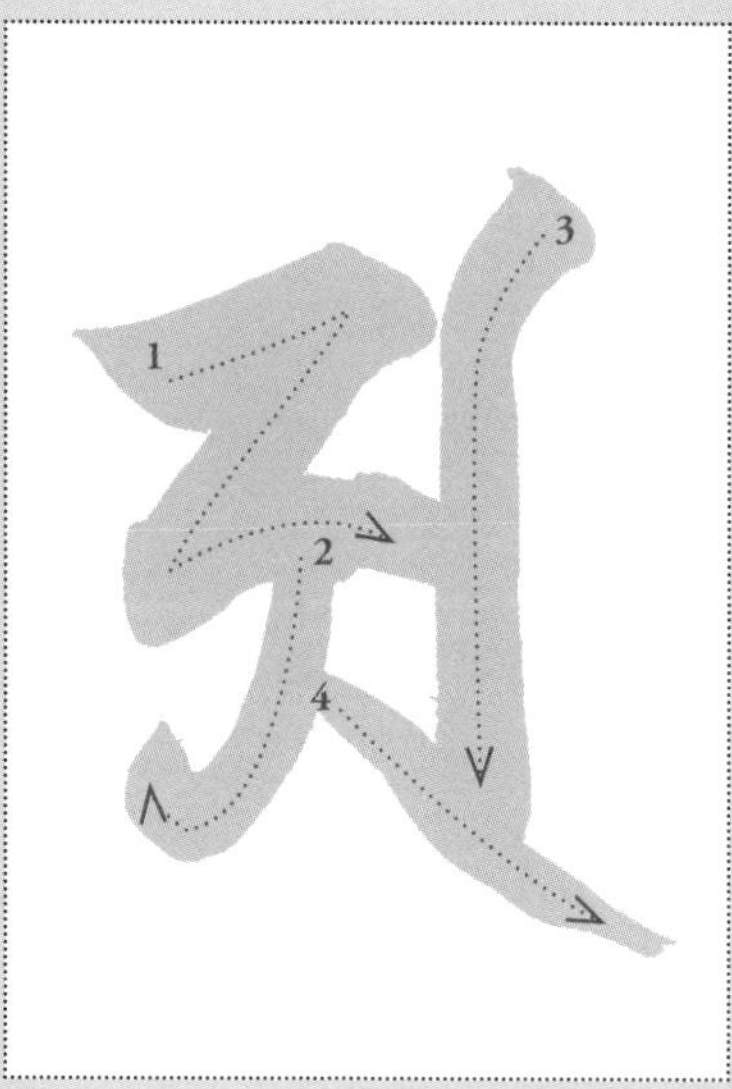

◈孔雀明王…

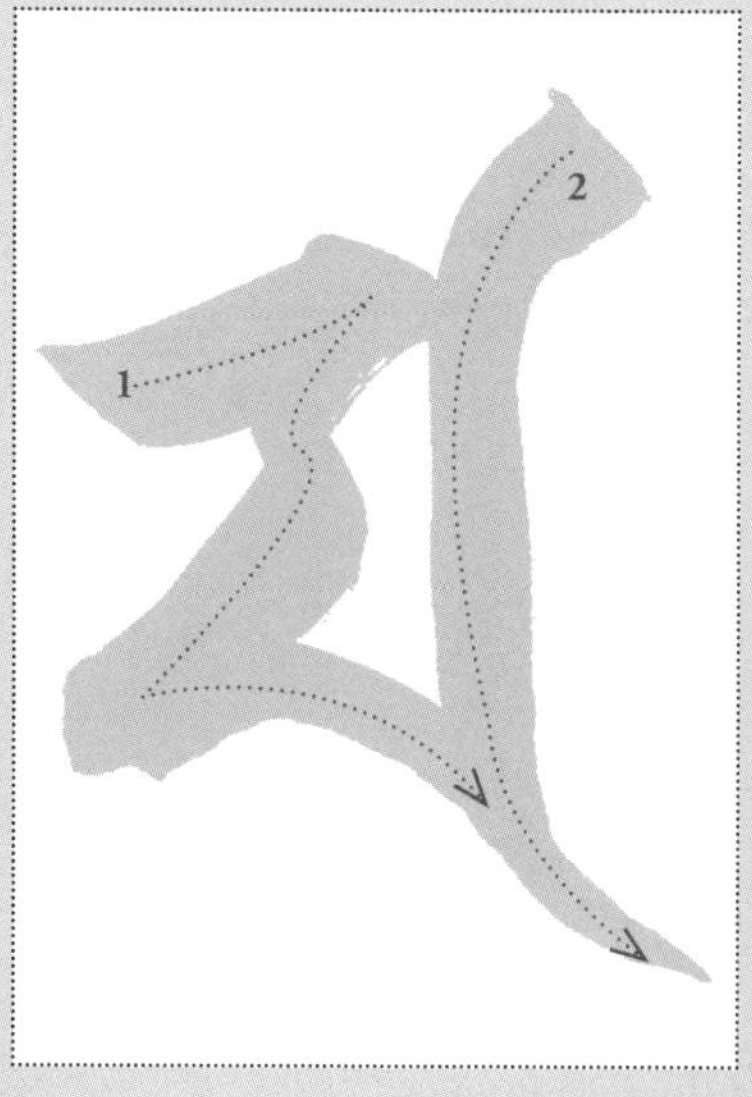

◈梵天…立身出世・恋愛成就

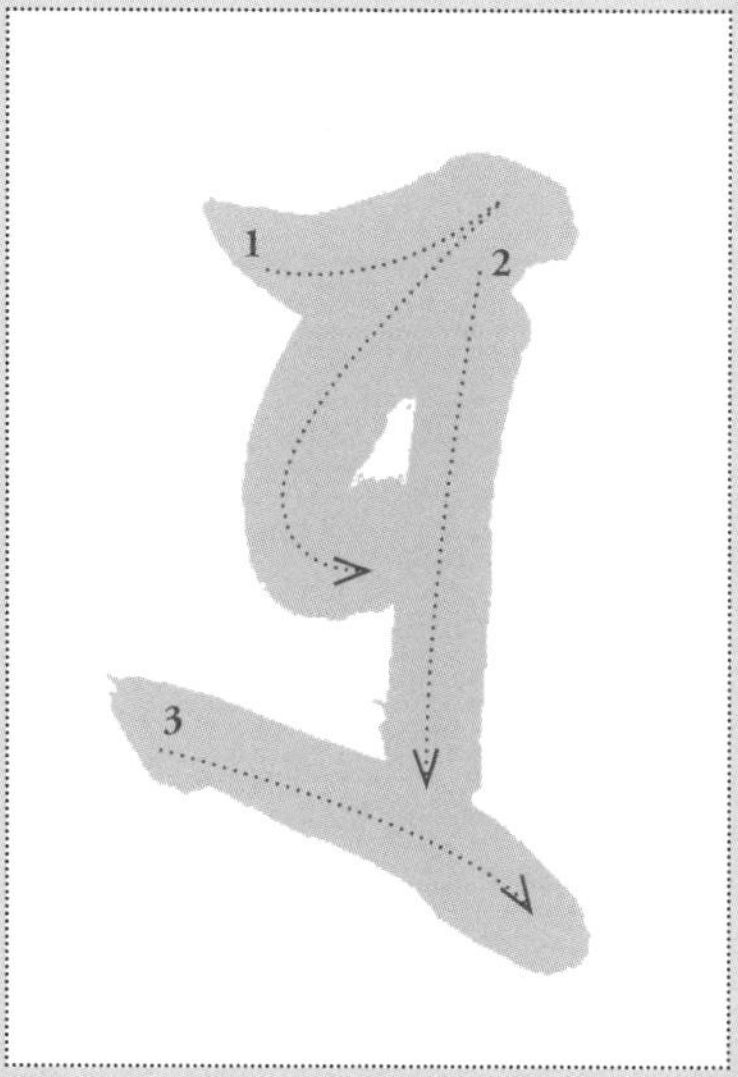

＊ペンや筆でなぞって書き、梵字を点線に沿って切り取り、持ち歩くか部屋の見える場所に貼ります。なお、ペンや筆の太さは問いませんが、書く線が細い場合には、本に描かれた字の中心をなぞるようにしてください。

＊数字は書き順を表す

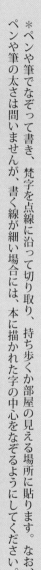

＊表面の梵字をペンや筆でなぞって書き、点線に沿って切り取り、持ち歩くか部屋の見える場所に貼って祀ります。

なぞって書いて、貼りましょう。邪氣を祓い、強運を引き寄せます。

◇帝釈天…勝負必勝・国家安寧

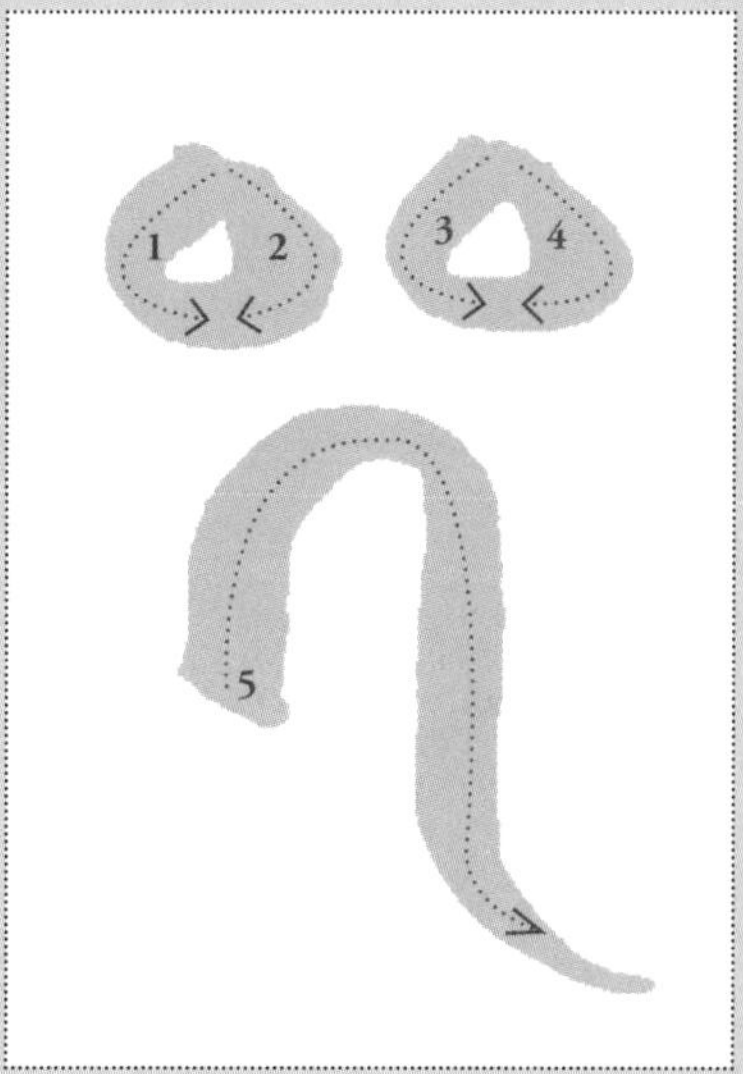

◇弁財天…芸能開花・蓄財開運

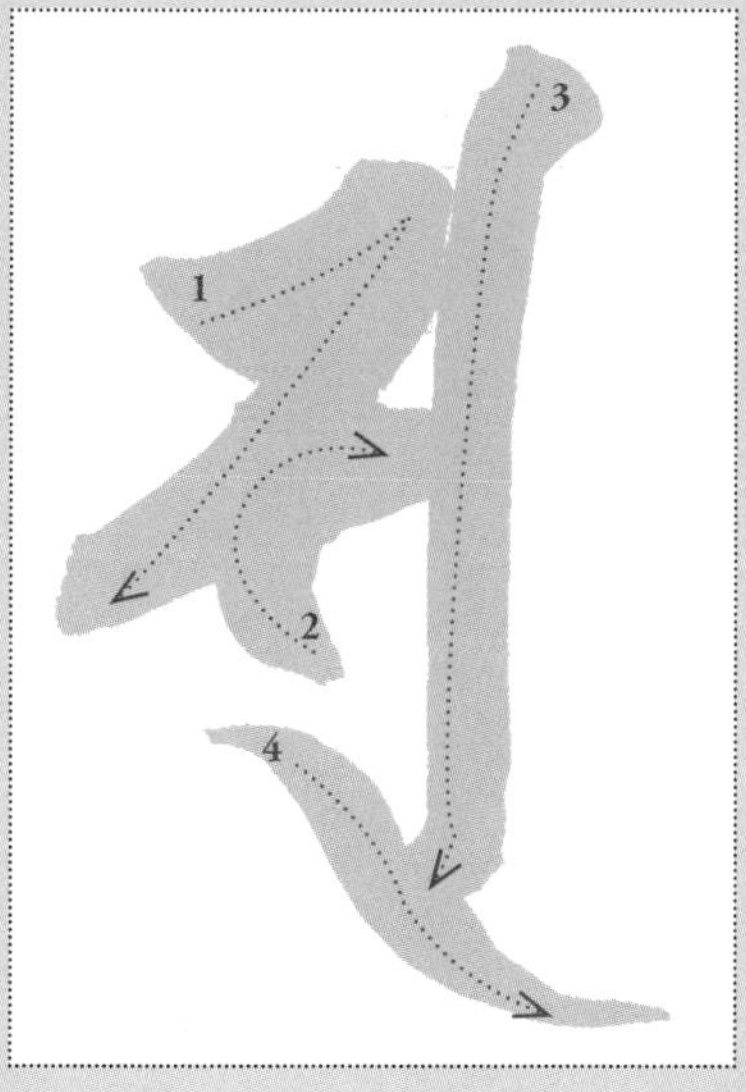

◇大黒天…商売繁盛・五穀豊穣

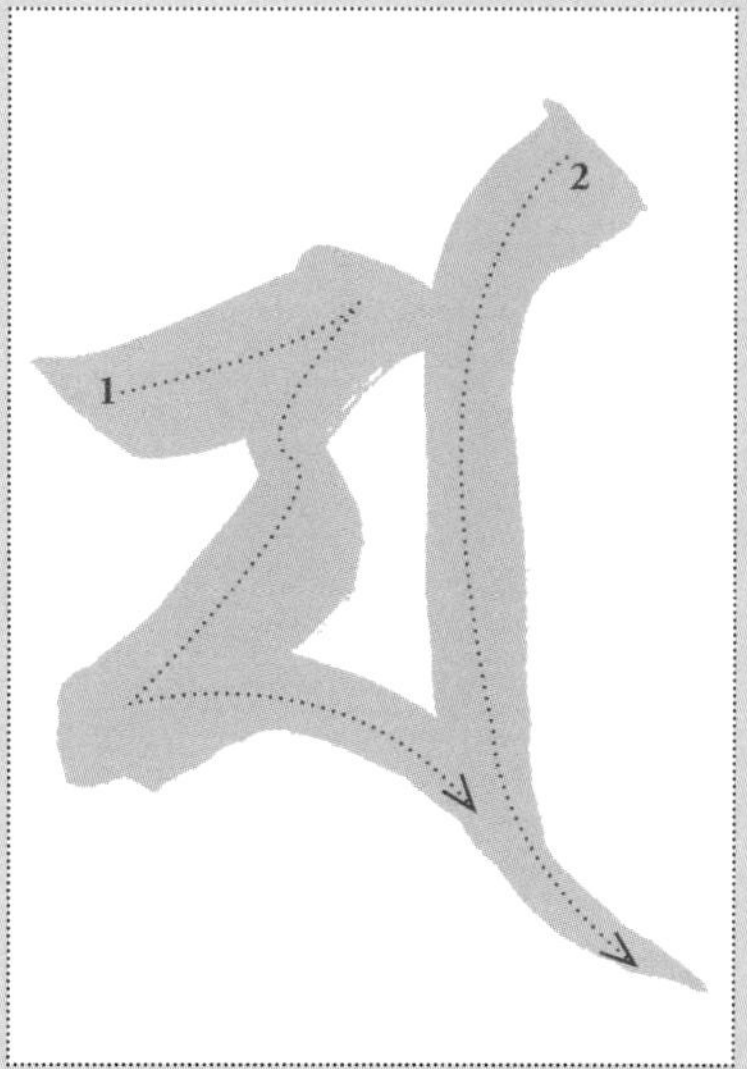

◇摩利支天…戦勝成就・厄除消災

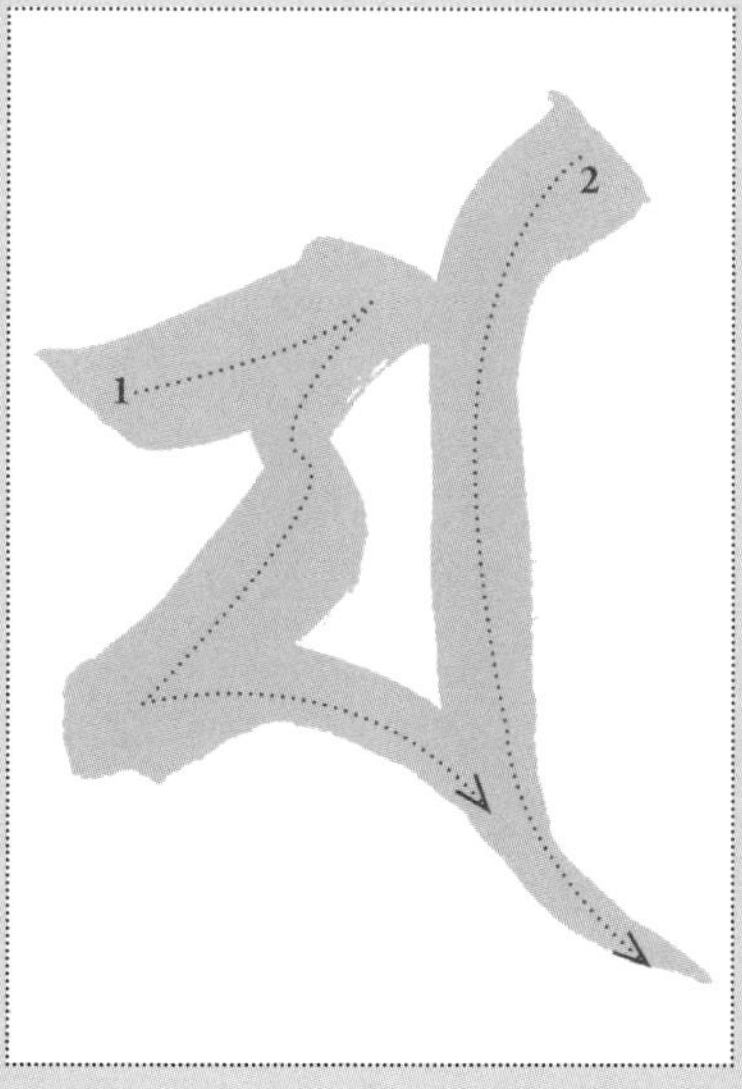

＊ペンや筆でなぞって書き、梵字を点線に沿って切り取り、持ち歩くか部屋の見える場所に貼ります。なお、ペンや筆の太さは問いませんが、書く線が細い場合には、本に描かれた字の中心をなぞるようにしてください。

＊数字は書き順を表す

＊表面の梵字をペンや筆でなぞって書き、点線に沿って切り取り、持ち歩くか部屋の見える場所に貼って祀ります。

なぞって書いて、貼りましょう。邪氣を祓い、強運を引き寄せます。

◈迦楼羅天…奇病快癒・雷雨避難

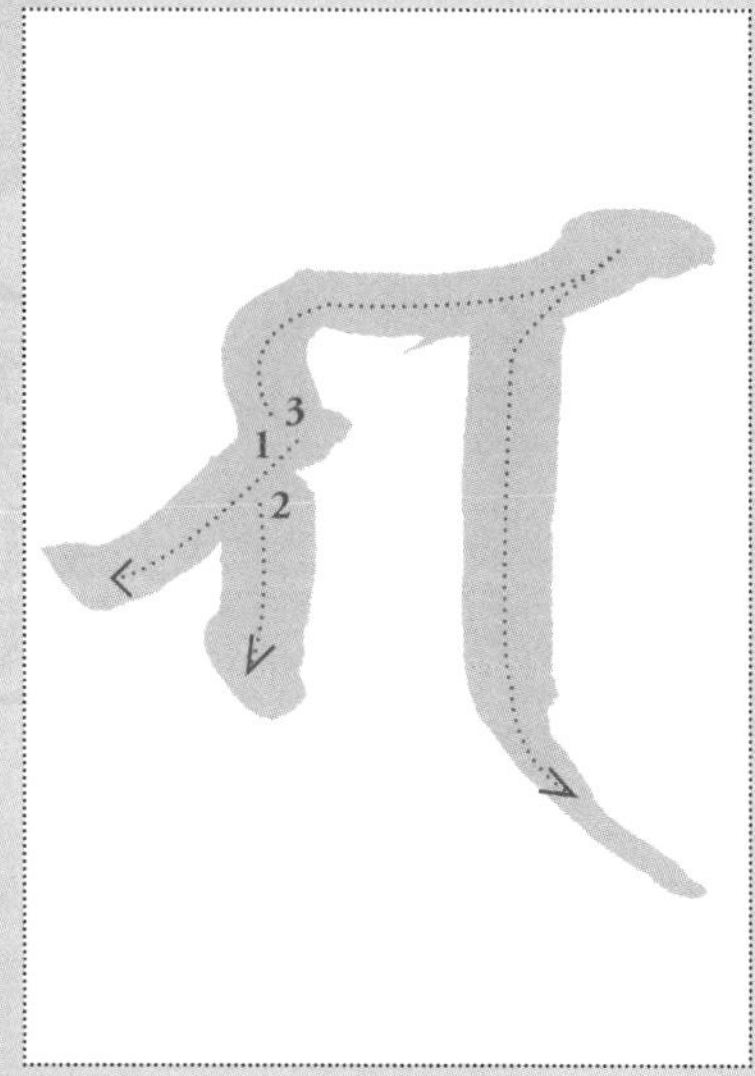

◈増長天…国家安寧・五穀豊穣

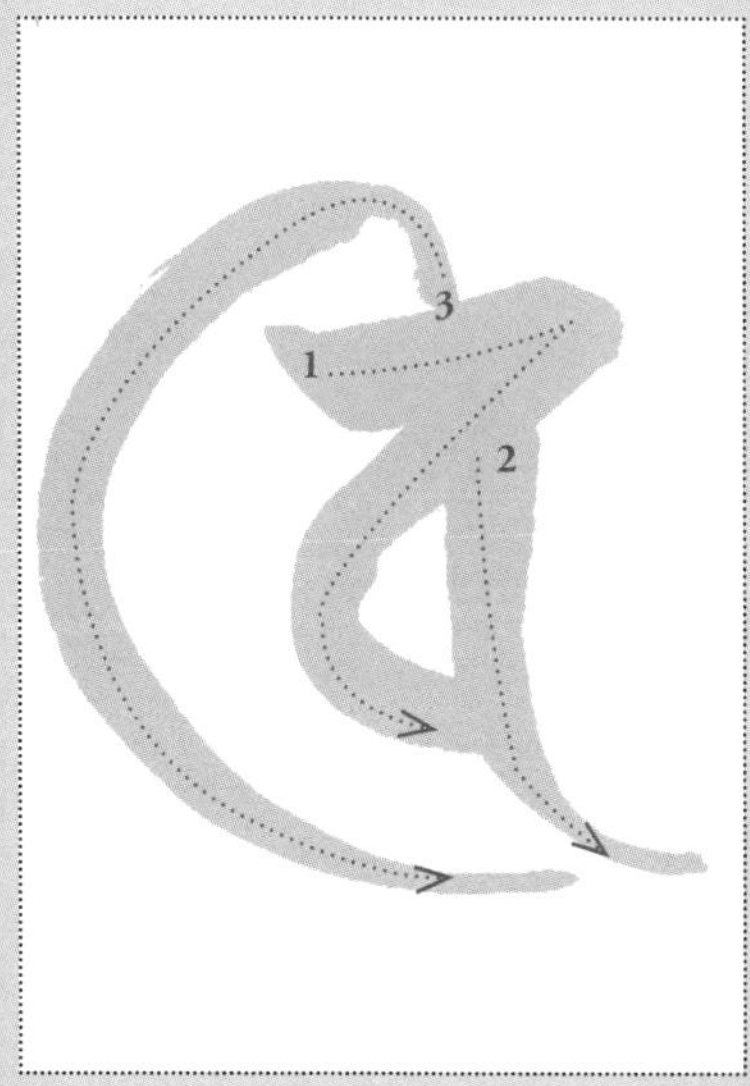

◈持国天…鎮護国家・護法安

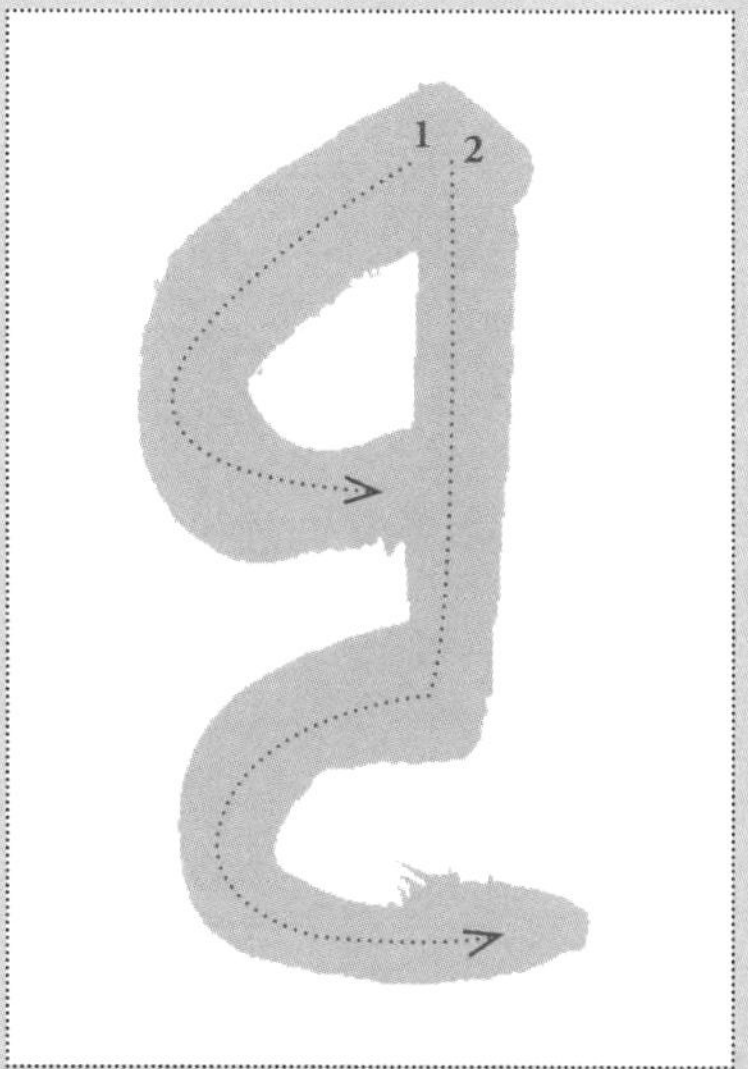

◈廣目天…先見明察・正義立身

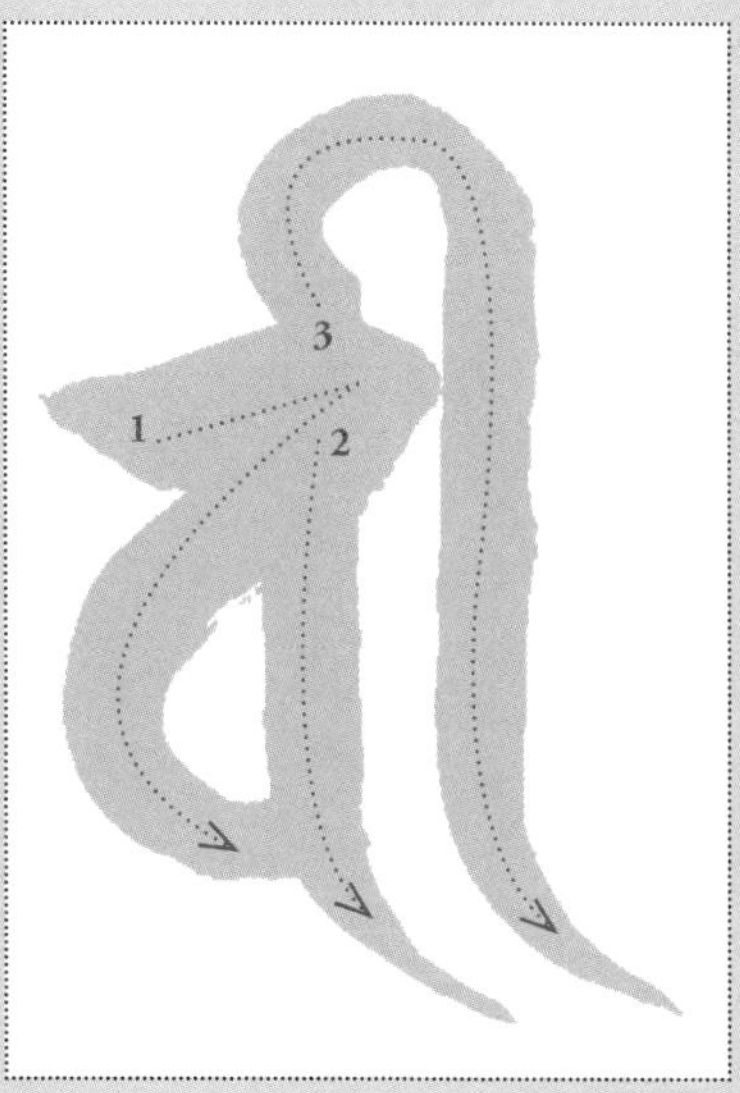

＊ペンや筆でなぞって書き、梵字を点線に沿って切り取り、持ち歩くか部屋の見える場所に貼ります。なお、ペンや筆の太さは問いませんが、書く線が細い場合には、本に描かれた字の中心をなぞるようにしてください。

＊数字は書き順を表す

＊表面の梵字をペンや筆でなぞって書き、点線に沿って切り取り、持ち歩くか部屋の見える場所に貼って祀ります。

迦楼羅天

＊護符・梵字の裏面に描かれているのはご利益のある神仏

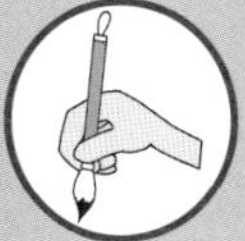

なぞって書いて、貼りましょう。邪氣を祓い、強運を引き寄せます。

◈毘沙門天…勝負必勝・武芸上達

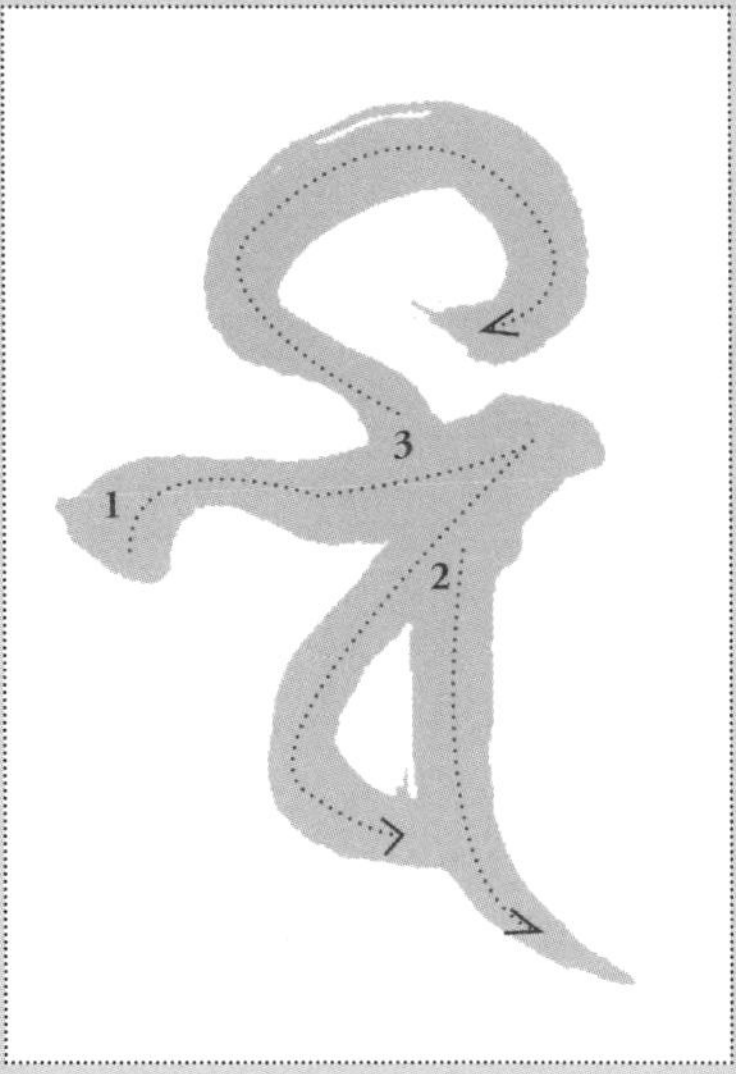

◈難田龍王…変幻自在・招福・豊穣

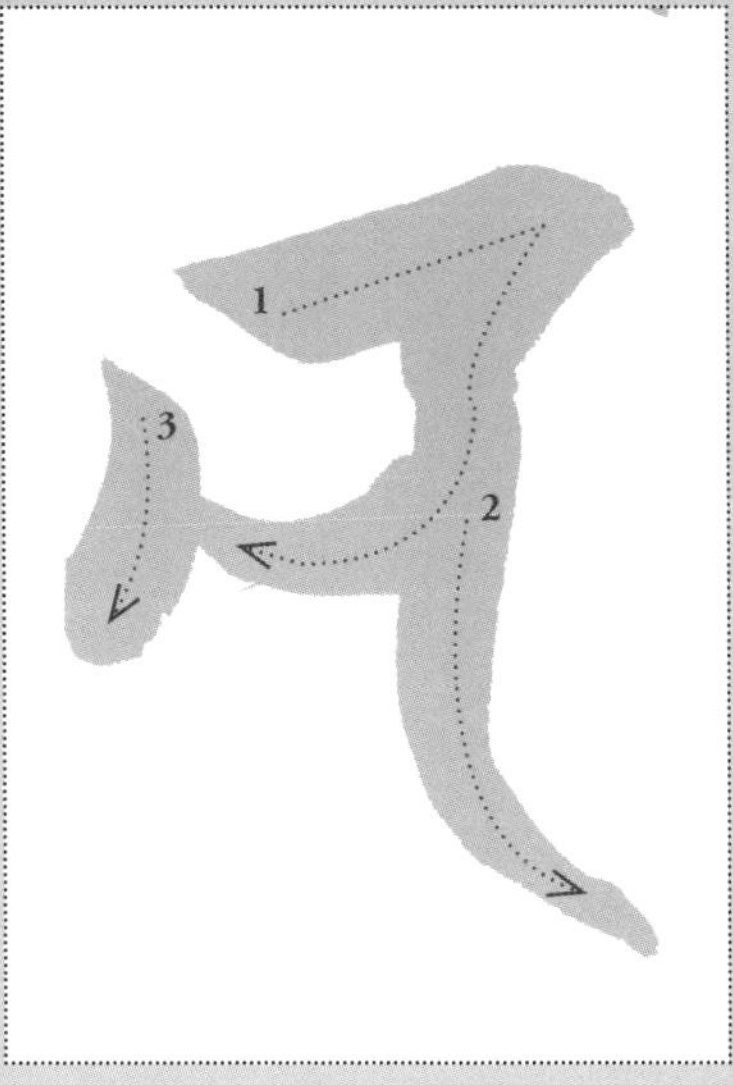

◈吉祥天…天下泰平・福徳・円満

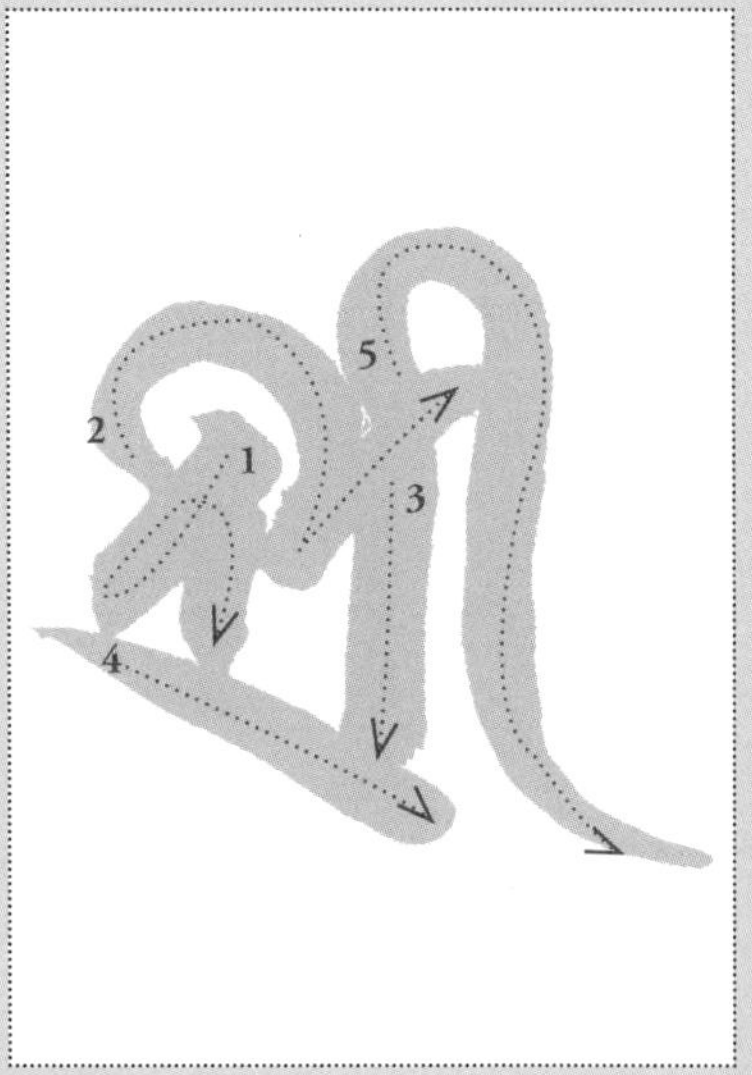

＊ペンや筆でなぞって書き、梵字を点線に沿って切り取り、持ち歩くか部屋の見える場所に貼ります。なお、ペンや筆の太さは問いませんが、書く線が細い場合には、本に描かれた字の中心をなぞるようにしてください。

＊数字は書き順を表す

＊表面の梵字をペンや筆でなぞって書き、点線に沿って切り取り、持ち歩くか部屋の見える場所に貼って祀ります。

［金剛界五仏結界］

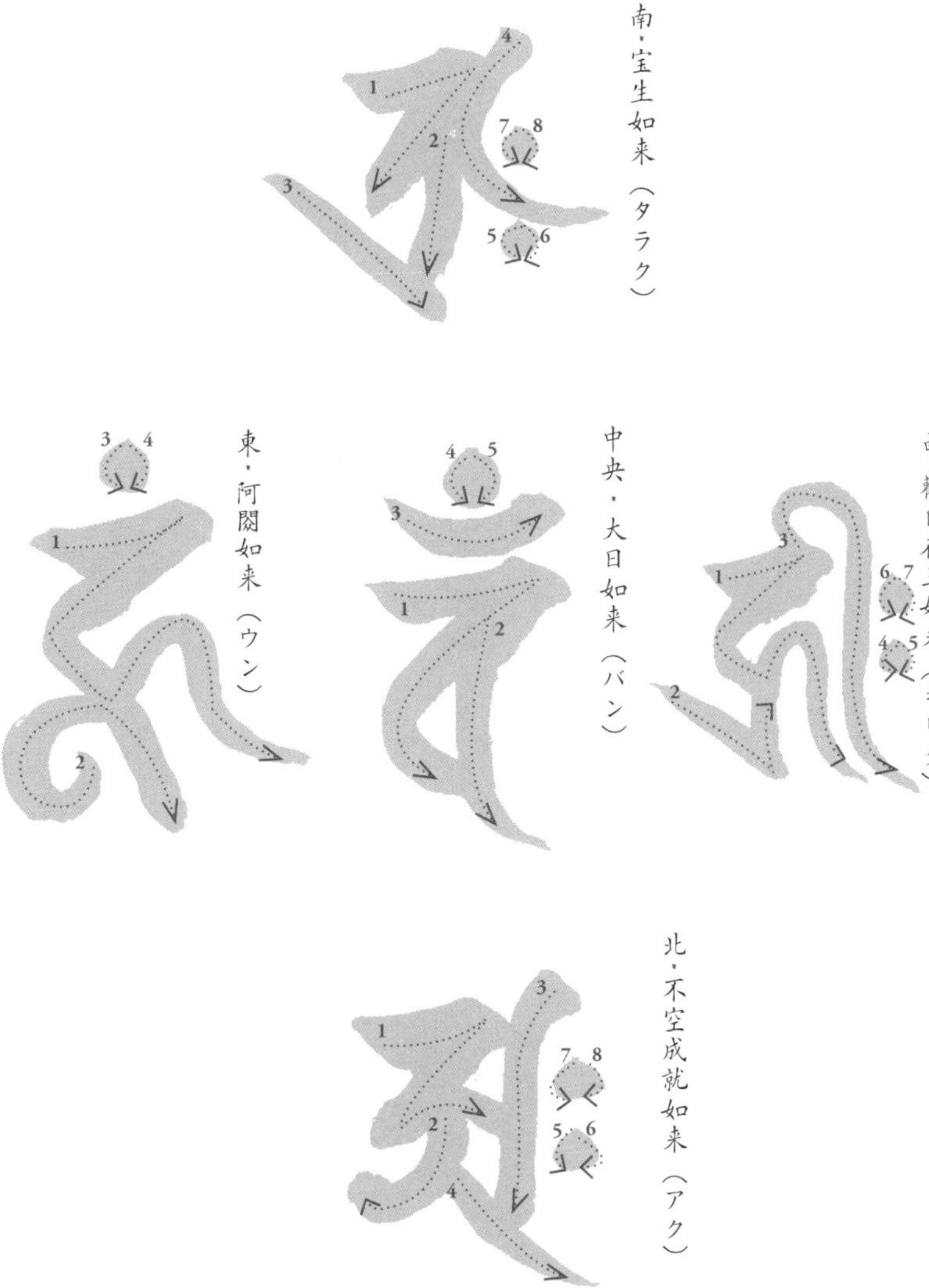

＊梵字をペンや筆でなぞって書き、外枠の点線に沿って切り取り、適切な場所（P97参照）に貼って祀ります。なお、ペンや筆の太さは問いませんが、書く線が細い場合には、本に描かれた字の中心をなぞるようにしてください。

＊数字は書き順を表す

＊表面の梵字をペンや筆でなぞって書き、外枠の点線に沿って切り取り、適切な場所（P 97 参照）に貼って祀ります。

[五大明王結界]

南・軍荼利明王（ウン）

西・大威徳明王（キリク）

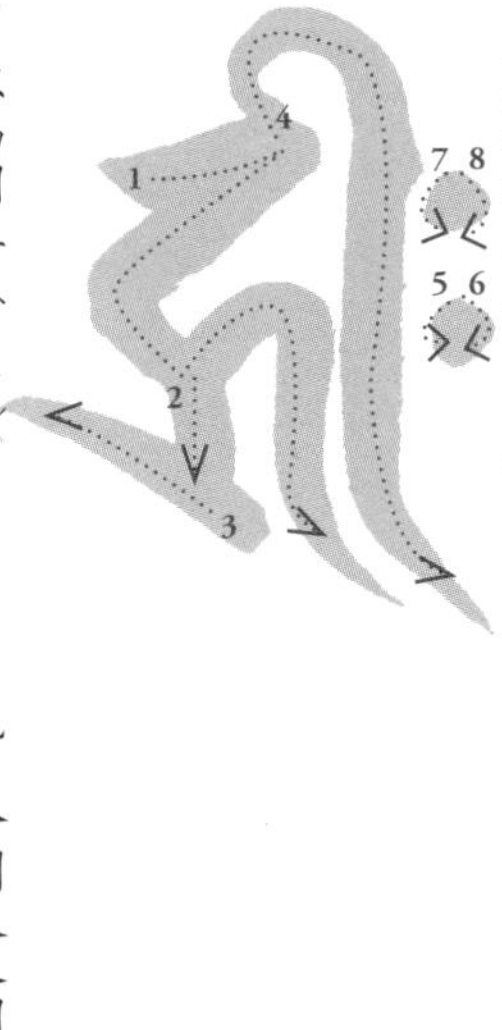

中央・不動明王（カン）

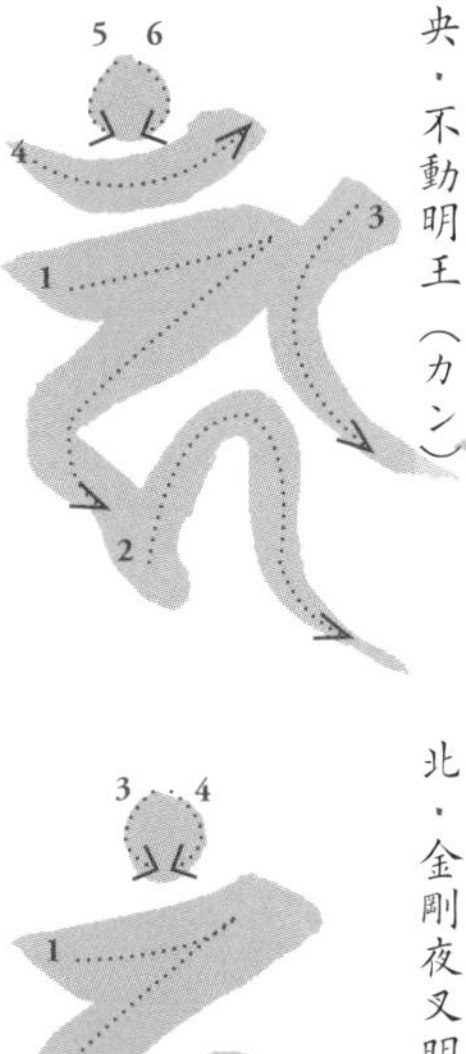

東・降三世明王（ウン）

北・金剛夜叉明王（ウン）

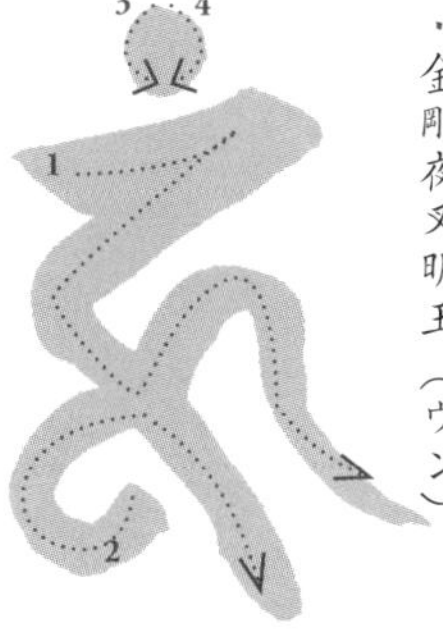

＊梵字をペンや筆でなぞって書き、外枠の点線に沿って切り取り、適切な場所（P97参照）に貼って祀ります。なお、ペンや筆の太さは問いませんが、書く線が細い場合には、本に描かれた字の中心をなぞるようにしてください。

＊数字は書き順を表す

＊表面の梵字をペンや筆でなぞって書き、外枠の点線に沿って切り取り、適切な場所（P 97 参照）に貼って祀ります。

［四大天王結界］

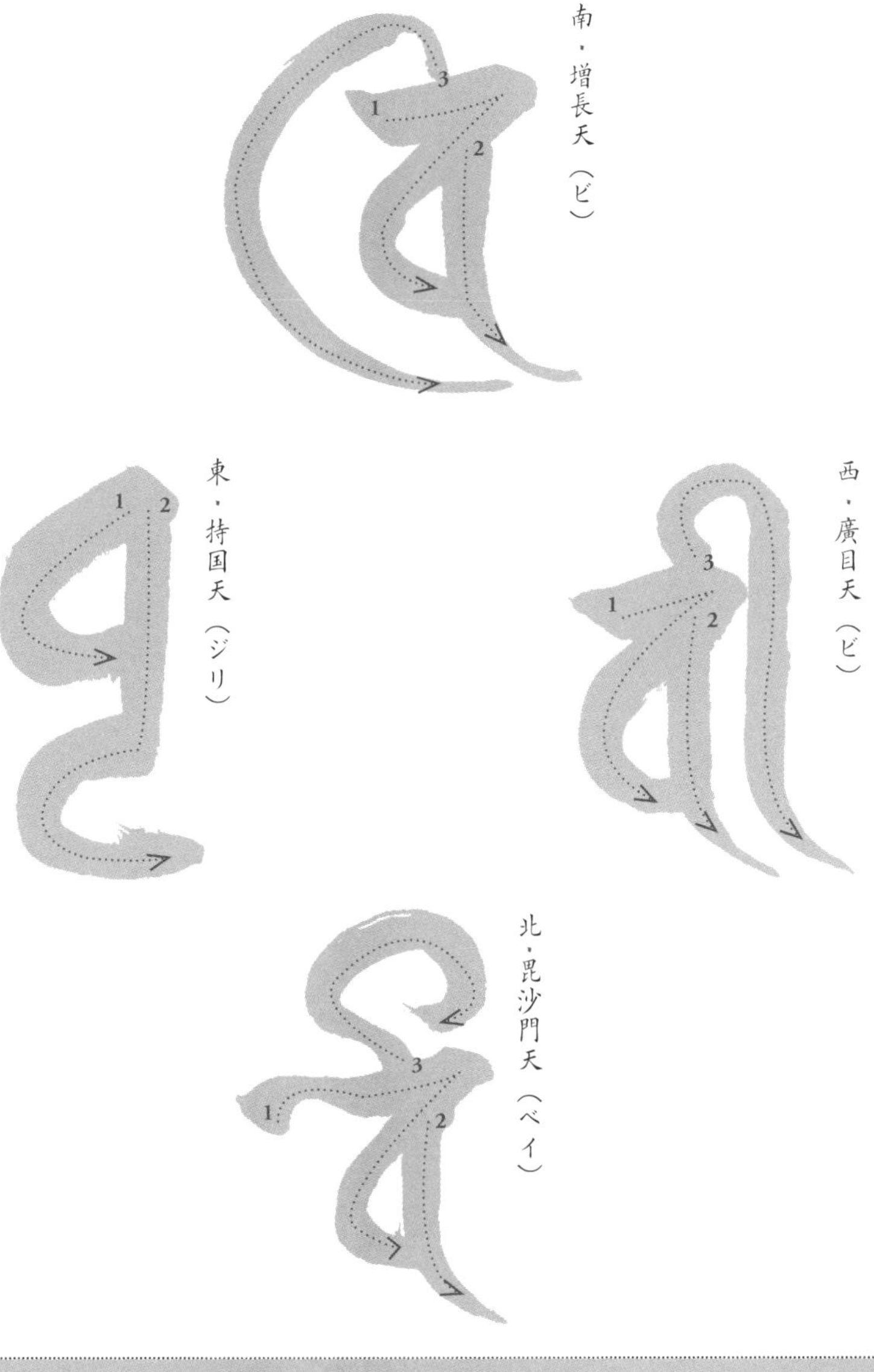

＊梵字をペンや筆でなぞって書き、外枠の点線に沿って切り取り、適切な場所（Ｐ97参照）に貼って祀ります。なお、ペンや筆の太さは問いませんが、書く線が細い場合には、本に描かれた字の中心をなぞるようにしてください。

＊数字は書き順を表す

＊表面の梵字をペンや筆でなぞって書き、外枠の点線に沿って切り取り、適切な場所（P 97 参照）に貼って祀ります。

［書写指導協力］

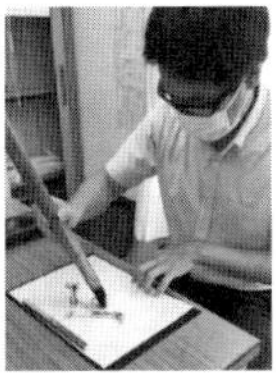

奘仙…祖父初代堀野哲仙が創立した堀野書道学校で21歳より書を習い多数の生徒を指導。また、東京屈指の古刹深大寺において浄書業務に携わる。

［神仏挿画］

彩（Aya）…GIA（米国宝石学会）の資格を持つ風水開運アドバイザー・開運ジュエリーデザイナーでありながら、一方でデザインや挿画にも通じ、本書では神仏画を描く。
Ayaのラブスピリチュアル：http://aya.love-spiritual.net/

［special thanks］
企画・プロデュース：アイブックコミュニケーションズ
風景イラスト：清原修志
ＤＴＰ制作：立花リヒト
編集協力：矢野政人・Ayana・KEIGO

【著者紹介】

鮑 義忠（ほう・ぎちゅう）

1981 年台湾生まれ。国内における正統派風水のさきがけである鮑黎明を父に持つ。父の病をきっかけに十八代玉帝（關聖玉皇閣下）が現れ、父の運命を変える未来を宣告される。そしてそれ以来、身に余るほどの守護を受けて、未来を予知した神託が幾多の神々から降りる。そして十八代玉帝の計らいで台湾道教の林文瑞老師に師事して、護符を書く力を授かる。著書に『貼るだけ！超開運風水』『貼るだけ！超招財風水』『貼るだけ！超良縁風水』（共に自由国民社）、『日帰り神の国ツアー』（共著・ヴォイス）、Aya、BeBe による共著に『本当に恐い家・ヤバい間取り』『華僑の風水事典』『龍神さま開運手帖』『龍神召喚の書』『十二神將占い＋六神獣パワー』などがある。

鮑義忠監修 道教風水　http://www.taoizm-fengsui-seiryudo.com/

奇跡《きせき》が起《お》こる 護符《ごふ》・梵字《ぼんじ》練習帖《れんしゅうちょう》

2023 年（令和 5 年）3 月 21 日　初版第 1 刷発行

著　者　鮑 義忠

発行者　石井 悟

発行所　株式会社自由国民社

東京都豊島区高田 3-10-11　〒 171-0033

https://www.jiyu.co.jp/

電話　03-6233-0781（代表）

造　本　ＪＫ

印刷所　大日本印刷株式会社

製本所　新風製本株式会社